미래의 부자인 _____ 님을 위해

이 책을 드립니다.

초보자도 고수되는

가상화폐
완전정복

초보자도 고수되는

가상화폐
완전정복

초판 1쇄 발행 | 2021년 3월 25일
초판 2쇄 발행 | 2021년 5월 06일

지은이 | 박대호·황동규·찰리
펴낸이 | 박영욱
펴낸곳 | (주)북오션

편 집 | 권기우
마케팅 | 최석진
디자인 | 서정희·민영선
SNS마케팅 | 박현빈·박가빈

주 소 | 서울시 마포구 월드컵로 14길 62
이메일 | bookocean@naver.com
네이버포스트 | post.naver.com/bookocean
전 화 | 편집문의: 02-325-9172   영업문의: 02-322-6709
팩 스 | 02-3143-3964

출판신고번호 | 제2007-000197호

ISBN 978-89-6799-585-0 (03320)

초보자도 고수되는

가상화폐
완전정복

박대호·황동규·찰리 지음

북오션

4차 산업혁명 시대가 되면서 화폐 경제는 우리 삶을 바꾸어 놓았습니다. 지금까지는 돈을 주고받거나 빌릴 때 직접 은행에 가서 도움을 받았지만, 지금은 꼭 은행의 도움을 받아야 하는 것은 아닙니다. 왜냐하면 은행 대신 가상화폐가 등장했기 때문입니다.

그러나 이 가상화폐의 등장이 꼭 많은 사람에게 편한 것은 아닙니다. 예를 들어, 햄버거를 주문할 때 키오스크에서 버튼 몇 개를 눌러 주문한 후 카드 결제를 하는 것이 더 편한 사람이 있는가 하면 디지털 소외 계층에겐 기계보다 대면 주문한 후 계산하는 것이 편할 수도 있을 것입니다. 불과 몇 년 전만 하더라도 대면 주문을 했던 우리가 이제는 사회 변화의 흐름에 익숙해지고 있습니다.

저금리 시대이자 물가 상승 등으로 인해 그 어느 때보다 재테크에 많은 사람들의 관심이 쏠려 있는 요즘입니다. 그래서 높은 변동성을 자랑하는 가상화폐가 누군가에게는 최고의 재테크 수단이 되지만, 그렇지 않은 어느 누군가에게는 변동성이 높은 도박으로 여겨집니다. 어느 것이나 그렇듯 편리함이라는 이면에는 다른 면도 있기 마련입니다. 특히 해킹이나 개인정보 유출 사건은 보안성과 안정성의 문제가 중요한 투자자들에게 불안감을 줄 수 있다는 점도 고려해야 할 것입니다.

이 책은 가상화폐에 대해 말 그대로 1도 모르는 분들을 위한 것입니다. 가상화폐가 무엇인지 몰라도 재테크를 하고 싶은 분이라면, 일단 가상화폐가 무엇인지를 알아야 합니다. 이것을 제대로 알고 난 후 재테크를 시도할 수 있습니다.

여러분은 가상화폐를 매매로 수익을 낼 수도 있지만, ICO나 IEO를 통해 중장기적인 투자도 가능하고, 스테이킹을 통해 은행에 맡겨 둔 예·적금 대신 수익을 낼 수도 있습니다. 이제 재테크를 시작하는 초보자가 갑작스러운 대박을 기대하기는 어려워도 이 책을 통해 내가 투자하는 가상화폐 시장에서 기본적으로 알아야 할 내용은 숙지할 수 있습니다. 그러니 트레이딩을 공부하고 싶은 분이라면 《가상화폐 실전매매 차트기술》을, 중장기 투자나 포트폴리오에 대해 더 알고 싶은 분은 《가상화폐 가치투자의 정석》을 참고하시면 좋겠습니다.

무엇부터, 어디서부터 공부해야 할지 모르는 투자자분들에게 조금이나마 도움이 되기를 기원합니다.

• 목차 •

머리말 **4**

1장. 어서 와, 코인은 처음이지?

01 블록체인? 몰라도 가즈아 외칠 수 있지! **12**

02 가상화폐 투자, 그게 뭐지? **14**

03 주식이랑 코인, 뭐가 달라? **18**

04 코인은 몇 종류일까? **20**

05 다른 코인 사는데, 비트코인은 왜 필요하지? **24**

06 코인 시장 용어는 알고 접근하자 **30**

Q&A 블록체인 해킹? 거래소 해킹? **46**

100만 원밖에 없는데 비트코인은 너무 비싸서 한 개도 살 수 없어요 **47**

거래소마다 가격이 달라요. 왜 이렇죠? **47**

김치 프리미엄과 가상화폐의 상관관계 **48**

2장. 우리 사귈래?_코인 거래 트기

01 최고의 트레이딩을 위한 최적의 준비   54

02 편하고 믿을 만하니까_ 국내 거래소   59

　[아프니까 코인이다] 코인 전송 실수   80

03 리플을 5원에 살 수 있었던 이유 _ 해외 거래소   81

　[아프니까 코인이다] 추가인증의 중요성   90

04 해외 거래소 문제 해결! Support 페이지   91

　Q&A 위험한 속삭임_재정 거래, 자전 거래란?   98

　　안 보고 있을 때도 알아서 거래하는_스탑 로스(Stop-loss)란?   99

3장. 콕 찍어 알려 줄게. 코인, 이제 사고팔자

01 투자 계획 세우기   104

02 판을 볼 줄 알아야지 _ 차트 읽는 법/보조지표 설정하기   109

　[스토캐스틱 모멘텀 지표를 활용한 매수, 매도 포인트 실전 예제]   127

　[아프니까 코인이다] 골든크로스만 따라가면 된다며?   134

03 코인은 어떻게 사야 하지?_ 실제 코인 매매하기　　**136**

　　[아프니까 코인이다] 조금 더…… 욕심에 샀다가 물렸다　　**141**

04 물어 보고 싶은데 찾기는 힘들었던_ 해외 거래소 거래하기　　**142**

05 해킹으로부터 개인 지갑을 안전하게!　　**157**

　　[아프니까 코인이다] 거래소 지갑은 에어드랍을 받을 수 없어?　　**161**

Q&A 매매 시 지정가, 시장가, 손절매　　**174**

4장. 흔들리지 마!_내 돈 지키는 중심 잡기

01 목적지 없는 배는 산으로 간다　　**178**

02 나도 은행이 될 수 있다고요?_ 렌딩거래(펀딩거래)　　**181**

03 나에겐 기회, 당신에겐 도박! 마진 거래는 쳐다보지 말자　　**185**

　　[아프니까 코인이다] 마진 거래 스토리　　**186**

Q&A 남들보다 조금 더 투자 잘하는 비법_리스크 관리,　　**188**
　　멘탈 관리, 현금 비중 관리하기

5장. 공짜 돈은 없다_초보들이여 공부하자!

01 망하지 않는 코인 고르는 법 _ 장기 투자 꿀팁!   192

02 내가 사면 상투 잡는 이유_ 작전/세력/펌핑방을 조심하자   195

    [아프니까 코인이다] 국내 ○거래소 퀀텀 코인 상장   199

03 꼭 참고해야 할 정보 사이트   202
    (텔레그램/네이버 카페/트위터/스팀잇/레딧)

04 초보 투자자가 제일 궁금해 하는 것_ 호재·악재의 종류와 효과   205

    [아프니까 코인이다] 리플 스웰 이야기   206

05 투자의 흐름은 일맥상통한다   209

06 코린이 탈출 마지막 훈요 십조   211

최근 방송과 주변 여기저기에서 가상화폐, 암호화폐, 블록체인 등 여러 가지 생소한 이야기가 들려온다. 화폐는 알겠는데 뭐가 가상이고 왜 가상화폐라고 불리며 블록체인은 또 뭔데 주변 사람이 돈을 벌었다고 아우성인지, 왜 정부에서는 하루가 멀다 하고 투기라며 규제를 하는지 의문이 생긴다.

이제부터 우리도 그 유명하다는 가상화폐 시장에 발을 들이면서 투기가 아닌 투자를 하는 방법이 뭔지, 어떻게 하면 가상화폐 거래를 할 수 있는지 차근차근 알아보고자 한다.

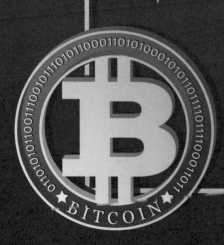

01001001000001

1장

어서 와,
코인은 처음이지?

100001

01001001000001

1

블록체인?
몰라도 가즈아 외칠 수 있지!

　블록체인, 비트코인, 가상화폐, 암호화폐 등이라고 불리는 이것의 정체는 뭘까? 정말 간단하게 설명하자면 블록체인이란 가상화폐 혹은 암호화폐를 가능하게 하는 기술이고, 그 기술로 만들어낸 최초의 결과물이 비트코인이다. 비트코인은 형체가 없다는 의미에서 가상화폐라고도 불리고, 블록에 있는 데이터가 암호화되어 있어서 암호화폐라고 불리기도 한다. 이 책에서는 가상화폐로 통일해 지칭하려 한다.

　이미 비트코인을 사고팔아본 사람들은 블록체인은 혁신적인 기술이라 4차 산업혁명의 열쇠가 될 것이라고 말한다. 현재 중앙화돼 있는 권력을 탈중앙화한다는 것을 목표로 상호 신뢰 기반의 암호화된 원장을 분산 저장한 블록들의 관계를 설명하며 가치를 논하고 있다. 하지만 기술을 이해하고자 인터넷이나 동영상을 봐도 이해하기 쉽지 않다. 블록체인의 기술에 대해 파고들려면 여러 관련 학문에 대한 복합적인 지식이 필요하기 때문이다.

하지만 우리는 블록체인 기술을 활용해 가상화폐를 개발하고자 하는 게 아니라 가상화폐에 투자해 시세 차익을 얻고자 하기 때문에, 블록체인과 암화화폐의 기본 개념과 관계만 알아두면 된다. 우리가 할 일은 트레이딩에 대한 노하우와 감을 익히는 것이다. 왜냐하면, 트레이딩은 블록체인 기술을 꼭 이해해야 할 수 있는 게 아니기 때문이다.

우리가 알아야 할 것은 가상화폐의 가격이 어떻게 형성되는지, 어디서 사고팔아야 할지, 어떻게 사고팔아야 하는지다. 주변에서 흔히 투기로 바라보는 가상화폐 시장에서 묻지 마 투기가 아닌 올바르게 투자해서 자산을 증식하는 데 필요한 기초 지식을 이 책에서 앞으로 하나씩 소개하고자 한다.

2

가상화폐 투자, 그게 뭐지?

우리는 가상화폐로 투자를 하고자 한다. 가상화폐 투자는 어떤 방법으로 할 수 있을까? 크게 세 가지 방법으로 나눌 수 있다.

트레이딩

가상화폐의 시세는 주식 시세처럼 실시간으로 변한다. 아직 가상화폐 시장은 초기이고 참여한 사람의 수는 적다. 그러므로 시세 변동의 폭이 크다. 화폐로써의 가치를 찾고 일반적으로 사용되려면 궁극적으로는 시세 안정화가 필요하다. 하지만 장기적인 관점의 문제다. 현재는 각종 코인 매매로 시세 차익을 통한 이익을 실현하고자 한다. 간단하게 말해서 '싸게 사서 비싸게 팔자!'를 목표로 하는 것이다.

트레이딩은 거래소를 통한 방법과 OTC(장외거래) 방법이 있다. 일반적으로 우리가 아는 트레이딩은 거래소에서 매매하는 것이다. 사려는 가격에 매수 주문을 걸고 반대로 매도할 때는 팔려는 가격에 매도 주문을 넣어 조건이 맞으면 매매한다. OTC는 Over The Counter의 약자로 거래소를 통하지 않고 외부에서 매매하는 방법으로, 채굴자, 기관투자자들이 대량으로 가상화폐를 매매하는 경우에 활용한다. 거래량이 많기 때문에 거래소 시세보다 훨씬 높게 매수해야 하거나 가격을 낮게 매도해야 할 때 이용한다. 이렇게 OTC를 통해 시세에 영향을 주지 않으며 매매한다. OTC는 거래 브로커를 통한 방법과 OTC 거래 트레이더를 통한 방법 그리고 OTC 데스크를 통한 방법이 있다. 거래 브로커는 부동산처럼 중개를 하고, OTC 트레이더들은 가상화폐를 직접 보유하며 트레이드하며 OTC 데스크는 대형 거래소나 기관에서 운영한다.

채굴

우리나라 화폐인 원화를 생각해 보자. 원화는 한국은행에서 적절한 발행량으로 심한 인플레와 디플레를 조절하는 역할을 한다. 그러므로 화폐 발행은 한국은행에서만 이루어진다. 그렇다면 가상화폐는 어떻게 생겨나는 것일까?

가상화폐에는 다양한 종류가 있는데 용도와 구조가 전부 다르므로 일반화

할 수 없지만 대표적인 비트코인을 예로 들면, 비트코인은 채굴이라는 방법으로 생성된다. 블록체인 기술로 만들어진 비트코인은 블록들의 연결로 구성돼 있는데, 연결할 다음 블록을 생성하는 과정에 채굴이라는 개념이 들어간다. 채굴을 원하는 사람이 동시에 달려들어 다음 블록을 생성하는 어떤 숫자를 맞추고, 맞춘 사람에게 보상으로 비트코인이 지급되는 방식이다. 마치 금광에서 광부들이 채굴하면 금이 생기는 것과 비슷한 원리다. 채굴자들은 컴퓨터라는 도구를 활용해 비트코인을 얻어내고, 그것을 팔아서 수익을 남긴다.

ICO 참여

ICO(Initial Coin Offering)는 코인 시장에서 신규 코인을 런칭하고자 투자금을 공모하는 작업이다. 코인 개발 업체는 ICO를 통해 초기 개발 자금을 확보하고, 투자자는 ICO에 투자해 거래소 상장 전에 코인을 보유하고 있을 수 있다. ICO는 국내에서 금지되어있지만 해외를 통해 ICO와 비슷한 IEO, IDO, IUO 등 다양한 방법으로 초기 코인 시장에 참여 가능하다. 2021년에는 Defi코인과 NFT코인이 유행하기도 하였다.

초기 코인발행에 참여하는 것보다는 직접적이고 단타보다는 간접적인 방법으로는 해외 거래소에서 이미 상장된 코인을 미리 장기투자 하는 방법도 있다. 대부분 투자목표는 로드맵 초기단계 완성이나 국내 중대형 거래소 상장을 목표로 장기투자한다. 이 방법은 ICO만큼 리스크가 큰 편이다. 중간에 프로젝트에

차질이 생기기도 하고 거래소 상장이 예전보다 까다로워져서 상장이 지연되기도 한다. 따라서 해당 가상화폐에 대해 충분히 알아보고 정해야한다. 상장 전에 코인을 보유하고 있으면 거래소 상장에 따른 코인 가격 상승에서 수익을 바라볼 수 있다. 하지만 새로 개발되는 코인인 만큼 개발 기간과 과정에 따라 수익 실현까지 기간이 오래 걸릴 수 있고, 최악의 경우 투자금을 회수할 수 없는 일도 있으므로, 꼼꼼하게 살펴보고 투자할지 결정해야 한다.

코인 시장에서 투자를 통해 수익을 내는 방법을 알아보았다. 위의 세 가지 경우 중 보통 처음은 트레이딩으로 진입한다. 코인을 사고팔아 발생하는 차익으로 수익을 내는 방법이 가장 간단하기 때문이다. 그렇지만 아무것도 모르고 덤비면 누군가의 수익에 내 돈을 내어 주는 역할을 하게 된다. 그렇기에 이 책에서는 트레이딩에 임하기 전에 꼭 알아야 할 내용과 사전에 준비해야 할 부분을 자세하게 알려줄 것이다. 설명을 잘 따라서 하나씩 실습하며 수익을 낼 준비를 해보자.

• 3 •

주식이랑 코인, 뭐가 달라?

	가상화폐	주식
역사	2008년 비트코인	1896년 조선은행 (1602년 동인도은행) 세계 최초
법 및 제도	법으로 정의되지 않음 (2017년 기준)	관련법에 따른 보호 서킷 브레이커 등 투자자를 위한 보호조치
가격 변동성	크다 / 상한가 / 하한가가 없다.	상한가, 하한가 존재
거래 시간	24시간	평일 09:00~15:30
현금화	바로 인출 가능	영업일 D+2일 인출
사이클	아주 짧다	길다

가상화폐는 주식과 비슷한 점도 있지만, 다른 점이 많다. 해당 거래소에서

차트를 이용하고 매매하는 점은 비슷하지만, 정부의 인정을 받지 못했기 때문에(2021년 5월 기준) 가상화폐는 법의 테두리 밖에 있다. 또한, 등락폭이 커서 높은 수익을 낼 수 있지만, 반대로 원금이 반 토막 이상 떨어져 나가는 손실을 볼 수도 있다.

가상화폐는 화폐 기능을 하므로 전 세계에서 24시간 거래된다. 한국 새벽 시간에 가상화폐 등락폭이 커지면 밤에 잠을 못 자는 투자자가 늘어난다. 주식의 가치 투자자는 재무제표와 관련 뉴스를 찾지만, 가상화폐의 가치 투자자는 해당 코인의 백서와 개발·마케팅 일정에서 뉴스를 찾는다. 이러한 정보는 대부분 공식 홈페이지에서 확인할 수 있다.

가상화폐는 매매하고 곧바로 각국 거래소의 통화로 수익화할 수 있지만, 주식은 시간이 오래 걸린다.

주식시장과 가상화폐 시장은 기본적으로 다른 점이 많으므로 가상화폐 시장에 맞는 매매 방법으로 거래해야 한다. 주식시장에서 주로 투자하던 이들이 체감 상 가장 다르게 느낄 부분은 등락폭이다. 변동성이 워낙 크고 시총이 작은 가상화폐는 하루에 100%단위로 상승하기도 하여 숫자에 무감각해지게 만든다. 그래서 주식에서 대장주 위주로 투자했지만 가상화폐 시장에서는 시총 낮은 가상화폐를 매매하는 경우가 많다. 하지만 가상화폐의 시총이 낮은 알트코인들은 주식의 테마주보다 더 위험 할 수도 있다. 주변인의 수익소식과 상승에만 눈이 멀어 심해까지 펼쳐져있는 강도 높은 하락도 마음에 염두 해야 할 것이다.

• 4 •

코인은 몇 종류일까?

- 코인 정보는 코인마켓캡에서 확인하자

- 가상화폐 대장은 비트코인이다

블록체인과 가상화폐는 최근에 급성장하고 주목을 받아온 시장인 만큼 성장세가 엄청나다. 이에 따라 개발자들이 새로운 기능의 가상화폐를 계속 연구하고 있으며 하루에도 몇 개씩 새로운 코인이 생긴다. 이러한 코인 종류와 대략적인 정보는 코인마켓캡 (http://www.coinmarketcap.com/)에서 확인할 수 있다. 2021년 4월 7일 현재 가상화폐의 종류는 9,148 종류로 확인된다.

그렇다면 왜 우리는 가상화폐 투자를 '비트코인 하고 있다'라고 표현하는

Top 100 Cryptocurrencies by Market Capitalization

Cryptocurrencies ▾   코인종류 및 정보   ▽ Filters   USD ▾   Next 100 →   View All

#	Name	Market Cap	Price	Volume (24h)	Circulating Supply	Change (24h)	Price Graph (
1	₿ Bitcoin	$100,009,244,184	$5,474.07	$60,001,608,478	18,269,637 BTC	7.56%	
2	♦ Ethereum	$14,472,160,687	$131.46	$21,642,860,424	110,087,363 ETH	9.59%	
3	✕ XRP	$6,865,219,844	$0.156676	$4,114,590,321	43,818,008,717 XRP *	10.46%	
4	⊕ Tether	$4,653,220,494	$1.00	$79,591,449,845	4,642,367,414 USDT *	-0.77%	

코인마켓캡(Coinmarket Cap) 홈페이지 설명

것일까? 그것은 비트코인이 최초의 가상화폐라는 상징성 때문이다. 우리가 통조림 햄을 '스팸'이라고 부르고 짜장 라면을 '짜파게티'라고 부르는 것과 같은 원리라고 할 수 있다. 2009년 나카모토 사토시의 논문 이후 등장한 비트코인(Bitcoin) 이후 이더리움(Ethereum, ETH), 리플(Ripple, XRP), 비트코인캐시(Bitcoin Cash, BCH) 등 여러 대형 가상화폐가 출시됐지만, 비트코인이 가상화폐에서 차지하는 비율은 최소 3분의 1에서 많게는 80%까지 달할 정도로 영향력이 있다.

코인별 용도

시총이 높은 몇 개의 코인만 간략하게 용도를 소개하고자 한다.

- 비트코인(BTC): 중앙은행과 채굴 하드웨어 제조사의 통제에서 벗어나고자 만든 코인. 채굴자에게 쉬운 채굴과 공평한 기회를 제공
- 이더리움(ETH): 블록체인 기초 앱 개발을 지원하는 플랫폼 및 여기서 사용되는 가상화폐
- 비트코인 캐시(BCH): 비트코인 블록체인에서 하드포크 돼 나온 가상화폐. 블록 크기 증대 지지자. 비트코인과 비트코인 캐시는 별개의 블록체인으로 운영됨
- 비트코인에스브이(BSV): 비트코인 캐시에서 하드포크로 분리된 가상화폐. 비트코인의 근본적 철학을 지지하는 BITCOIN SV 진영에서 시작되었으며, 비트코인 캐시에 비해 높은 블록 크기를 고안해 트랜잭션 효율이 개선됐다는 특징이 있음
- 라이트코인(LTC): 비트코인이 금이라면, 자신들은 은이라고 표현하는 코인. 비트코인에 기초해 만들어진 가상화폐. 비트코인의 파생 화폐
- 리플(XRP): 기업용 송금 네트워크 결제 플랫폼, 국제 결제 시스템 망(SWIFT)을 대체할 새로운 대안. 은행 간 이체 서비스에 집중
- 네오(NEO): 중국의 이더리움, 스마트 자산 플랫폼(Smart Assets Platform)

- 에이다(ADA): 모바일에 최적화된 가상화폐 플랫폼. 3세대 블록체인 가상화폐. 하스켈 프로그래밍 언어로 구축
- 퀀텀(QTUM): 비트코인과 이더리움의 장점을 결합한 하이브리드 블록체인 플랫폼

메이저 알트코인에 해당하는 일부 가상화폐만 나열하였다. 개발자, 용도나 목적, 네이밍(이름), 국가 등에 따라 테마가 다양하게 나뉜다.

5

다른 코인 사는데,
비트코인은 왜 필요하지?

- 비트코인은 기축 통화로 사용된다.

- 알트코인은 사토시 단위가 사용되며, 비트코인 가격을 따르는 상대적인 단위이다.

- 알트코인은 기축 통화, 즉 비트코인 가격 변동에 영향을 받는다.

'비트코인은 기축 통화다.' 이 말은 가상화폐 시장에 입문하면 흔하게 들을 수 있다. 기축 통화란 무엇일까?

먼저 기축 통화의 의미는 국제 외환 시장에서 금융 거래 또는 국제 결제의 중심이 되는 통화이며, 국제 외환 시장의 기축 통화는 달러화다. 그에 비해 가상화폐 시장에서 코인을 거래할 때 결제의 중심이 되는 코인은 비트코인이

원화거래	BTC	ETH	USDT	보유코인
한글명	현재가	전일대비	거래대금	
에이다 ADA/KRW	453	+6.34%	1,105,419백만	
스테이터스네트워크토큰 SNT/KRW	198	+3.66%	419,925백만	
리플 XRP/KRW	1,005	+5.13%	379,088백만	
이더리움 ETH/KRW	1,001,500	+2.42%	302,684백만	
비트코인 BTC/KRW	9,400,000	-0.11%	273,445백만	
스텔라루멘 XLM/KRW	448	+3.46%	156,577백만	
네오 NEO/KRW	129,500	+0.86%	118,876백만	
퀀텀 QTUM/KRW	32,020	-1.87%	118,369백만	

업비트 원화 거래 마켓

원화거래	BTC	ETH	USDT	보유코인
한글명	현재가	전일대비	거래대금	
비트코인 BTC/USDT	9,380.100 / 10,161,389 KRW	+5.63%	58,296,347	
이더리움 ETH/USDT	990.500 / 1,073,001 KRW	+6.97%	19,988,872	
리플 XRP/USDT	1.003 / 1,087 KRW	+10.71%	14,341,246	
네오 NEO/USDT	129.422 / 140,202 KRW	+5.57%	7,656,945	
에이다 ADA/USDT	0.460 / 499 KRW	+15.10%	6,397,525	
버지 XVG/USDT	0.066 / 71.32 KRW	+21.91%	2,794,838	
라이트코인 LTC/USDT	147.209 / 159,470 KRW	+11.36%	2,495,219	
비트코인캐시 BCC/USDT	1,264.892 / 1,370,248 KRW	+5.06%	2,231,657	

업비트 USDT 마켓

라는 뜻이다.

우리는 비트코인을 제외한 코인을 알트코인(Alternative Coin)이라고 하며, 그 알트코인을 거래할 때 비트코인을 화폐처럼 사용하므로 비트코인 가격을 기준으로 시장이 이루어지고 있다. 그러므로 코인을 거래하려면 우선 비트코인을 매수한 후 비트코인으로 알트코인을 매수하는 두 번의 과정이 필요하다. 그래서 국내 거래소에서는 직접 원화로 거래할 수 있도록 일부 코인에 대한 원화마켓을 상장해 거래를 가능하게 하고 있다. 해외 거래소에서는 USDT라는 테더코인이 달러화와 같은 시세이며 원화마켓과 같이 일부 코인을 직접 거래할 수 있도록 했다. 그러나 이렇게 원화와 테더코인으로 살 수 있는 코인

업비트 BTC 마켓

은 전체 코인 중 일부이기 때문에 우리는 비트코인으로 거래하는 기준과 방법을 알아보고자 한다.

비트코인을 가지고 어떤 기준으로 알트코인을 매수하는 걸까? 우선 위의 사진을 보자.

위 사진은 국내 거래소인 업비트에서 비트코인 마켓에 거래되고 있는 코인의 현재 상황을 보여주는 것이다. 예를 들면 두 번째에 있는 이더리움의 현재가는 0.10580001인데 이 숫자는 무얼 의미할까?

가상화폐는 일반 화폐와 다르게 소수점 이하 8자리 숫자를 가격으로 사용하고 있다. '0.00000001'이 최소단위이며 이 최소단위를 비트코인의 창

시자 나카모토 사토시를 기리는 의미에서 '사토시'라 정했다. 즉 1사토시는 0.00000001을 의미하며, 기축 통화인 비트코인을 1억 분의 1로 나눈 가격이다. 예를 들어 비트코인 가격이 1,000만 원이라면 1사토시는 10,000,000 × 0.00000001 = 0.1원이며 비트코인이 2,000만 원으로 오르면 같은 1사토시라도 0.2원이 되는 것이다.

이처럼 같은 사토시라도 비트코인 가격에 따라 상대적으로 사토시의 가치는 달라지므로 트레이딩을 하는 우리는 다양한 경우의 알트코인 가격 변동에 대비해야 한다.

사토시 가격 \ 비트코인 가격	상승	유지	하락
상승	가치 상승	가치 상승	상승/하락폭에 따라 다름
유지	가격 상승	가격 유지	가격 하락
하락	상승/하락폭에 따라 다름	가격 하락	가격 하락

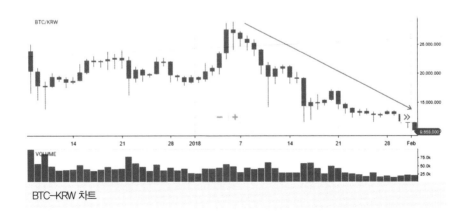

BTC-KRW 차트

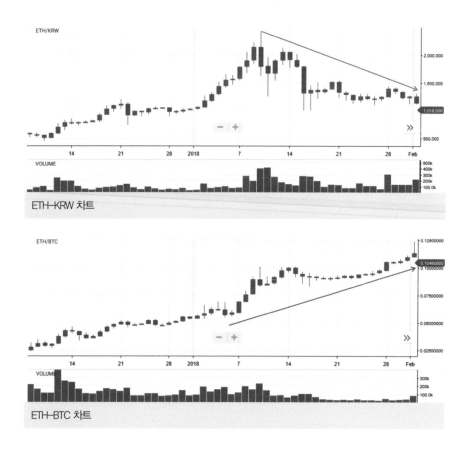

ETH-KRW 차트

ETH-BTC 차트

　위의 차트는 같은 기간 동안 비트코인과 이더리움의 원화 가격 변동 폭에 따라 상대적으로 변하는 이더리움의 사토시 단위 차트이다. 비트코인과 이더리움의 원화 시세는 떨어지고 있는데, 이더리움의 사토시 시세는 오히려 올라가고 있다. 이런 차이를 알고, 세 개의 차트를 보며 우리는 상황에 맞춘 분석과 최적의 전략을 통해 최고의 수익률을 내는 방법을 생각해야 한다. 예를 들어, 내가 위의 차트 상황에서 비트코인을 가지고 있다면 이더리움을 매수해 사토시 가격이 오르면 팔아서 비트코인의 개수를 늘릴 수 있고, 현금화(테더화)했다가 다시 매수하는 방법도 코인의 개수를 늘려 수익을 극대화하는 방법이다. 올바른 전략에 따른 트레이딩이 투기와 투자를 나누는 기준이라 생가한다.

현재 거래할 수 있는 코인이 가장 많은 거래소는 해외의 바이낸스(Binance)이며 사토시 가격으로 거래되는 마켓과 바이낸스에서 발행한 가상화폐인 BNB코인 마켓, 달러마켓 등이 존재한다.

BNB Markets	BTC Markets	ALTS Markets	FIAT Markets	ETF	Support Margin ▾		
Pair ⁝	Last Price ⁝	24h Change ⁝	24h High ⁝	24h Low ⁝		Market Cap ⁝	24h Volume ⁝
☆ XRP/BTC 10x	0.00001660 / $0.939058	-2.58%	0.00001927	0.00001524		$42,637.02M	14,064.31
☆ BNB/BTC 10x	0.0068028 / $384.83	+0.80%	0.0071032	0.0063714		$58,750.43M	9,793.26
☆ ETH/BTC 10x	0.035211 / $1,991.88	-2.36%	0.036605	0.034708		$229,700.94M	9,195.71
☆ ADA/BTC 10x	0.00002119 / $1.20	-4.07%	0.00002295	0.00002076		$38,337.97M	3,811.83
☆ TRX/BTC 10x	0.00000194 / $0.109745	-7.62%	0.00000220	0.00000186		–	3,575.29
☆ LTC/BTC 10x	0.003953 / $223.62	-0.95%	0.004206	0.003700		$14,927.17M	3,554.65
☆ DOGE/BTC 5x	0.00000107 / $0.060530	+3.88%	0.00000117	0.00000102		$7,810.27M	2,127.87

바이낸스 BTC마켓

• 6 •

코인 시장 용어는
알고 접근하자

블록체인 기술은 모르고 접근할 수 있다. 하지만 기본적인 용어도 모르고 코인 트레이딩에 뛰어들면 흔히 말하는 묻지 마 투기가 될 수 있다. 그래서 간단하지만, 거래할 때 자주 쓰는 말들과 몇 가지 용어를 설명한다. 모두 암기할 필요는 없지만 무슨 의미인지는 알아 두었다가 모르는 용어가 나왔을 때 찾아볼 수 있을 만큼은 충분히 읽어볼 필요가 있다. 이 책에 나온 용어는 제일 쉬우면서도 자주 쓰이는 가상화폐 시장의 극히 일부 용어들이다.

물렸다

코인이 매수한 가격보다 많이 내렸는데 못 팔았을 때 하는 말.

예) "아, 이더 100만 원에 물렸다."(이더리움을 100만 원에 샀는데 가격이 그 아래로 떨어졌다는 뜻)

사토시, 알트코인(알트)

비드코인의 개발자 이름이자 비트코인을 0.00000001단위로 쪼갰을 때 부르는 말. 알트코인의 값어치를 사토시 단위로 매긴다. 알트코인이란 비트코인을 제외한 다른 코인을 총칭하는 말이다. 폴로닉스(Poloniex)와 같은 해외 거래소는 비트코인이나 이더리움을 사야 알트코인을 살 수 있는데, 비트코인 단위를 쪼개서 부르다 보니 사토시라는 말이 나오게 되었다.

예) "지금 넴(XEM) 얼마야? 6600사토시네(0.000066 BTC)."

평단

평균 단가. 얼마에 샀는지, 얼마에 팔았는지에 대한 평균 가격을 의미한다.

예) "리플 평단 얼마에 들어갔어?" "나 4,700원에 풀 매수(올인 매수) 했어."

추매

추격 매수. 가격이 더 오를 걸 예상하고 뒤늦게 사는 것을 의미한다.

예) "이더 어디까지 봄? 추매 들어가도 돼?"

물타기

본인이 산 가격보다 내릴 때 추가 자금으로 구매해서 평단을 낮추는 것을 뜻한다.

예) "이더리움 전저점 뚫리면 물타기 해야겠네요."

마진 거래, 공매도, 공매수

주식에서는 기관만 마진 거래(신용거래)가 가능한데 몇몇 가상화폐 거래소에서는 개인도 마진 거래가 가능하다. 공매수란 가격이 오를 것을 예상해 미리 돈을 당겨서(100배까지 가능, 비트멕스 기준) 구매하고 나중에 청산하는 거래 방식이다. 공매도란 이와 반대로 가격이 내릴 것을 예상하여 미리 돈을 당겨서(매도 레버리지 100배, 비트멕스 기준) 팔고 나중에 사는 거래 방식이다. 이 거래들은 본인이 가진 자산보다 훨씬 큰 거래를 할 수 있는 장점이 있다. 그리고 하락장에서도 공매도 거래를 통해 돈을 벌 수 있어 매매 고수들은 차트가 올라가거나 내려가도 수익을 얻을 수 있다. 하지만 굉장히 위험하다. 청산을 당할 수 있고 수수료를 많이 내게 될 수도 있다. 공매수를 했는데 떨어져 버리거나 반대로 공매도를 쳤는데 오르면 손실은 100배가 되고, 무거운 수수료까지 감당해야 한다. 그러다 보니 엄청난 정신적 충격을 경험하게 될 수 있다.

참고로 한국에서는 가상화폐 마진 거래가 법적 논란에 있다. 코인원 거래소의 마진 거래는 2018년 2월 기준 중단되었다. 추후 거래할 수 있는지 확인이 필요하다.

마진콜(청산), 증거금

마진 거래에서는 금액을 100배로 당겨쓰기에 손해도 100배가 난다. 투자자는 마진 거래에서 손해가 1%가 나면 원금만큼 손해를 감수해야 한다. 거래소는 그 이상 손해가 나면 투자자의 마진 투자금을 강제 청산해서 피해액을 보전하는데, 이를 마진콜(정산)이라 한다. 마진콜이 날 때 예상했던 것보다 더 큰 손해가 난다. 시장가로 청산하기 때문에 걸어 놓은 호가창이 비면 이론상으로는 반 토막이 나야 하지만, 그 이상의 손실이 생기기도 한다.

증거금이란 마진콜을 당하지 않기 위해 넣어야 하는 추가 금액을 말한다. 확신이 있으면 증거금을 넣고 버티는 것도 방법인데, 만약 그렇게 해도 마진콜이 난다면 증거금도 잃게 된다.

선물 거래, 현물 거래

선물 거래란 장래 일정 시점에 미리 정한 가격으로 매매할 것을 현재 시점에서 약정하는 거래를 말한다. 현물 거래는 매매 대상물이 시장이나 거래소에 존재하는 거래를 말한다. 일반적인 주식시장과 가상화폐 시장은 선물 가격이 현물 가격에 선행하며, 선물 가격의 방향이 현물 가격에 영향을 준다. 이를 왝더독(Wag the dog) 현상이라 한다.

롱포지션, 숏포지션

롱포지션(Long Position)은 매입 포지션이라고도 하며 선물 거래에서 매수

선물 갭

포지션을 의미한다. 숏포지션(Short Position)은 선물 거래에서 공매도한 상태를 의미한다.

선물 갭

가상화폐는 24시간 거래가 지속되지만 가상화폐 선물 시장은 개장 시간과 마감 시간이 있다. 이 휴장 시간에 가격 차이가 발생하여 종가와 시가가 달라지는 갭(Gap)이 생긴다. 주식시장에는 갭이 발생할 경우 미래에 갭이 비어 있는 가격대로 가격을 채우는 갭채움이 발생하는 경우가 많은데 가상화폐도 갭채움이 자주 발생한다. 하지만 무조건 갭채움이 생기는 것은 아니고 갭의 모든 범위를 채우는 것도 아니니 참고만 하자.

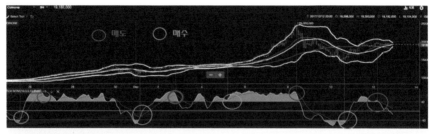

골든크로스 데드크로스

볼밴

볼린저 밴드의 약자. 후행성 차트 분석을 하는 지표이다.

골크(골든크로스), 데크(데드크로스)

골든크로스와 데드크로스는 추세가 바뀌는 것을 암시하는 시그널이다.

단기 이동평균선(이평선이라 줄여 부름): 빨간색 선

장기 이동평균선: 초록색 선

단기 이동평균선(빨간색 선)이 장기 이동평균선(초록색 선) 위로 갈 때 골든

크로스, 초록색 선이 위로 갈 때 데드크로스이다.

김프(김치 프리미엄), 역프(역 프리미엄)

'김치 프리미엄'의 준말로 해외 거래소의 시세보다 비싼 경우 "프리미엄이

붙었다"라는 표현을 쓴다. 김프는 잠시지만 80% 이상 붙은 적도 있다(2017년

12월). 역프는 반대로 해외 거래소보다 시세가 낮은 경우를 말한다.

떡상, 떡락

많이 오르면 떡상, 많이 내리면 떡락이라 한다. 채팅에서는 각자의 기준이 다르기에 순간마다 떡상과 떡락이란 단어가 오간다.

존버, 우상향

비속어지만 의미 전달에 많이 쓰이는 용어이다. '×나 버티기(버로우)'라는 뜻이다. 물린 상황에서 정신을 다잡으려고 주로 쓴다. 혹은 오를 때 더 오를 걸 기대하고 하는 말일 수도 있다. 우상향은 코인 판이 아직 과도기이고 시간이 지나면 코인 가격이 계속 오르기에 쓰이는 용어이다.

예) "어차피 코인 판 우상향이니까 존버한다~~"

매수벽, 매도벽, 지지선

호가창에서 지정가로 걸어둔 매수량이 매수벽, 반대가 매도벽이다. 이것이 의미하는 바는 두 가지다. 매수벽이 받쳐 준다는 것은 그 가격 이하로는 안 내린다는 기대 심리가 포함되어 있다. 이런 특성 때문에 지지선이라고도 부른다. 하지만 거래량이 많은 투자자가 그 벽에 팔아 버리면 가격이 하락할 수 있다. 매도벽은 이와 반대다. 상승세에서 매도벽이 가로막고 있을 때 매도 건 것을 치우거나 거래액이 많은 투자자가 사버리면 위로 치고 올라가는데, 이것을 추세거래법이라고도 한다. 매수벽은 투자할 때 주의해야 한다. 허 매수벽을 세워 개미 투자자들을 매수하게 유도한 후 본인이 팔 수도 있기 때문이

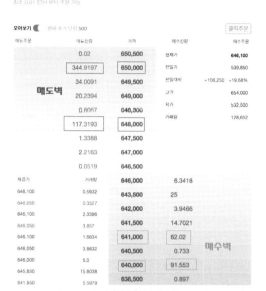

ETH 거래하기

최소 0.01 ETH 부터 주문 가능

모아보기	현재 호가단위 500			클릭주문
매도주문	매도신량	가격	매수신량	매수주문
	0.02	650,500	현재가	**646,100**
	344.9197	650,000	전일가	539,850
	34.0091	649,500	전일대비	+106,250 +19.68%
매도벽	20.2394	649,000	고가	654,000
	0.8067	648,500	저가	532,500
	117.3193	648,000	거래량	128,652
	1.3388	647,500		
	2.2163	647,000		
	0.0519	646,500		

체결가	거래량	646,000	6.3418	
646,100	0.5932	643,500	25	
646,050	0.3327	642,000	3.9466	
646,100	2.3396	641,500	14.7021	
646,050	3.857	641,000	62.02	
646,100	1.6634	640,500	0.733	매수벽
646,050	3.8832	640,000	91.553	
646,000	5.0	638,500	0.897	
645,850	15.6038			
641,850	5.5979			

호가창의 매수벽과 매도벽

다. 반대로 매도벽을 통해 매집하는 예도 있다.

코인베이스, 비트멕스, 후오비, 비프피넥스, 바이낸스

코인베이스(코베, Coinbase), 비트멕스(비맥 혹은 빗맥, Bitmex)는 미국 거래소. 비프피넥스(Bitfinex), 바이낸스(Binance)는 홍콩 거래소다. 후오비(Huobi)는 중국 거래소다.

DID

Decentralized Identity의 약자로 탈중앙화 신원인증을 의미한다. 블록체인 기술을 기반으로 한 신원확인 시스템이다. 2021년 들어 DID관련 가상화폐들이 주목을 받고 있다.

스캠

사기 의혹이 있거나, 혹은 사기로 판결을 받은 가상화폐를 말한다. 가격이 오르지 않을 때 투자자들이 '이거 스캠아냐?' 라는 형태로 사용하기도 한다.

불마켓(Bull Market), 베어마켓(Bear Market)

불마켓은 황소가 밑에서 위로 들어 올리는 형태로 상승장을 의미한다. 베어마켓은 곰이 발을 아래로 누르는 형태로 가격이 내리는 하락장을 의미한다. 주식에서 비롯된 용어이고 가상화폐에서도 같은 의미로 사용한다.

Dapp(Decentralized Application)

탈 중앙화된 앱을 말한다. 블록체인을 기반으로 한 스마트폰 SNS, 게임 등의 어플을 말한다. 디앱이라고 읽는다.

CBDC(Central Bank Digital Curruency)

국가에서 발행하는 디지털화폐, 블록체인의 탈중앙화 특성과 반대되지만 블록체인의 분산원장을 이용하는 공통점이 있다.

ERC20

이더리움의 블록체인에서 다른 가상화폐들이 사용하기 위한 표준 규격을 말한다.

유니스왑(Uniswap)

일반적인 거래소의 호가창(오더북) 체결을 통한 거래 대신 자동화된 마켓메이커를 이용한 탈중앙화 된 가상화폐 거래소이다.

메타버스(Metaverse)

추상, 가공, 초월의 메타(Meta)와 현실세계인 유니버스(Universe)가 합성된 단어이다. 가상현실(VR)이나 증강현실(AR)보다 확장된 개념으로 블록체인 기술과 융복합 되기도 한다.

FOMO, FUD

FOMO는 Fear of Missing Out의 약자로 다른 투자자가 누리는 수익 기회를 놓칠까봐 걱정되는 마음이 드는 것을 말한다. 쉽게 말해 아직 매수하지 못했는데 더 오를까봐 걱정이 드는 것을 말한다. 포모라고 한다.

FUD는 Fear Uncertainty and Doubt의 약자로 불확실한 상황에서 의혹 때

문에 겁이 나는 상황을 말한다. 쉽게 말해 가격이 더 내릴까봐 두려워 매도하고 싶은 마음을 말한다. 퍼드라고 한다.

횡보(박스권), 펌핑, 조정

횡보(박스권)란 가격 변동 폭이 좁게 움직이는 것을 의미한다. 펌핑이란 가격이 강하게 오르는 현상을, 조정은 가격이 오르다가 잠시 다시 내려가는 것 혹은 가격이 내리다가 잠시 다시 오르는 것을 말한다.

디파이(DeFi)

Decentralized Finance의 약자로 가상화폐가 은행의 역할을 대신하여 중개자 없이 대출, 송금 등 금융서비스가 가능하도록 만든 가상화폐의 한 종류

ICO

신규 비상장 가상화폐에 투자하면 해당 신규 코인을 액면가로 받는 투자 방식을 말한다. 이때 모금하고 사기를 치는 일도 있으므로 코인 백서를 읽어보고 신중하게 투자해야 한다.

하드포크, 소프트포크

하드포크란 블록체인을 업그레이드해서 원본에서 떼어내 독립시키는 것을 말한다.

소프트포크는 기존의 것을 업그레이드하는 것을 의미한다.

하드포크와 소프트포크는 호재로 작용해 가격이 오르는 예도 있다.

1분 봉, 일봉

차트를 1분 단위로 보는 것을 1분 봉그래프라 하고, 일봉은 하루(1D)를 기준으로 한다. 1분 봉으로 거래를 하는 이들은 초단타 거래를 하는 투자자들이고, 일봉 단위로 거래하는 이들은 중장기형 투자자라 할 수 있다.

IEO

거래소가 심사를 통해 토큰 판매

IDO(Initial Defi Offering or Initial DEX Offering)

디파이 플랫폼으로 토큰을 판매, ex) UMA, DXD

IUO(Initial Uniswap Offering)

탈중앙화 거래소의 유니스왑으로 토큰 판매

데이트레이딩, 스윙, 장투

트레이딩 주기로는 데이트레이딩, 스윙, 장투가 있다.

스캘핑: 1일 수십 회 거래

데이트레이딩: 1일 이내

스윙: 3~30일 정도

장투: 투자 기간이 3~6개월인 투자자

패닉셀, 데드캣

가격이 내리는 것을 보고 추종해 과매도를 유발하는 매도를 패닉셀이라 한다. 2017년 3월, 이더리움이 패닉셀을 겪으며 2만 원에서 7,000원까지 내려간 적이 있다.

데드캣은 패닉셀이 있는 와중에 공매도를 청산하거나 단기 반등을 노리고 매수하는 거래자에 의해 단기 반등이 이루어지는 것을 말한다.

파종

여러 가지 알트코인을 소수 단위로 많이 사서 투자하는 방식을 말한다. 주로 알트코인이 많은 해외 사이트에서 파종하기가 더 좋다.

○○교(이더교, 퀀텀교, 리플교 등등)

○○교는 ○○ 코인을 신봉하는 투자자를 말한다. 대표적으로 이더리움을 신봉하는 투자자들을 뜻하는 '이더교(이더리움교)'가 있다. 이더교가 하는 말로는 "이더리움은 무조건 오른다", "이더리움은 적금이다", "이더리움은 사랑이다", "이더리움을 내리는 것은 믿음이 부족해서이다" 등이 있는데, 우리나

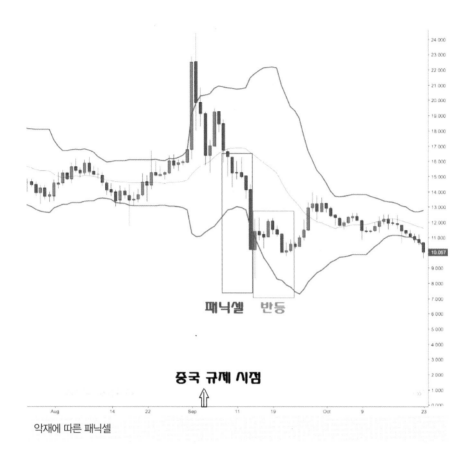

패닉셀 반등

중국 규제 시점

악재에 따른 패닉셀

라에서 이더리움을 많이 사랑해서 나온 말이다.

에어드랍

특정 코인을 보유하면 공짜로 다른 코인을 지급하는 이벤트를 말한다. 하드포크가 기술적 업그레이드 때문에 지급하는 것이라면, 에어드랍은 이벤트

성으로 지급한다는 차이가 있다.

스냅숏

에어드랍 또는 하드포크에 의한 코인을 받기 위해 해당 거래소(또는 개인 지갑)에 해당 코인을 보유하고 있는 시점을 말한다. 예를 들어 비트코인 하드포크 이벤트로 비트코인 블랙을 지급한다고 가정하자. 비트코인 블랙의 스냅숏 시점을 12월 25일 오전 10시 30분으로 정했다면 12월 25일 오전 10시 30분에 비트코인을 들고 있으면 비트코인 블랙을 받게 된다. 다만 이러한 스냅숏 이벤트는 거래소마다 다르므로 각 거래소의 공지사항을 참조해야 한다.

가즈아

'가자~'라는 의미로 투자자가 코인을 매수했을 때 상승하길 바라며 말하는 추임새.
예) "퀀텀 4만 원 가즈아!"

세력, 운전수

코인을 거래하는 금액이 많은 누군가를 세력이라고 하고, 세력 중 가격을 위아래로 움직이는 투자자를 운전수라고 한다.

채굴 관련 용어

해시(Hash): 블록체인을 구성하는 데이터를 뜻한다.

해시파워(Hash power): 블록체인의 블록을 채굴하는 데 필요한 암호 연산 능력을 의미한다.

노드(Node): 가상화폐를 소프트웨어로 다운받거나 사용하는 사용자를 의미한다.

채굴(Mining): 가상화폐(또는 블록체인)를 얻기 위해 해당 가상화폐 고유의 수학 연산 문제를 풀어 그 보상으로 가상화폐를 얻는 행위

NFT(Non-Fungible Token)

대체 불가능한 토큰 이라는 의미로 희소성을 가진 가상화폐를 의미한다. 오만원 짜리 지폐가 모두 같은 오만원의 가치를 지닌 것과 다르게 NFT는 각각의 토큰이 모두 가치가 다르다.

블록체인 해킹? 거래소 해킹?

요즘 해킹과 관련해서 많은 투자자가 두려워하는 것이 자기 자산이 혹여 부지불식간에 사라지진 않을까 하는 것이다. 그러나 블록체인은 기술 특성상 동시에 모든 블록을 해킹하지 않는 한 해킹을 당할 수 없도록 설계돼 있다. 이 때문에 블록체인 기술을 기반으로 하는 가상화폐는 그 자체로 해킹을 당할 수 없다. 다만, 코인의 매매가 이루어지는 거래소는 가상화폐와 별개로 자체 보안 시스템을 가지고 있기에 해킹의 위험이 존재하며 고객 정보나 코인이 사라질 가능성이 존재한다.

2014년 일본 마운트곡스 거래소의 비트코인 해킹과 2018년 일본 코인체크 거래소의 뉴이코노미무브먼트(NEM) 해킹 사건 이후 투자자 사이에서 거래소의 자산 유출 위험성이 많은 논란거리가 되었고, 거래소를 선택할 때 보안성이 중요한 요소로 대두되었다.

거래소 보안 전체를 믿을 수 없는 투자자라면 콜드 월렛(cold wallet, 개인 지갑)에 코인을 옮겨서 보관하는 것으로 안전하게 자산을 지킬 수 있다.

100만 원밖에 없는데 비트코인은 너무 비싸서 한 개도 살 수 없어요 ⭐⭐

이 또한 가상화폐 시장과 주식시장의 차이이다. 주식은 1주 단위로 사지 않으면 구매할 수 없다. 그래서 1주당 금액이 높은 종목은 개미 투자자의 선택지 제외된다. 하지만 가상화폐 시장은 다르다.

본문 내용에서 설명한 것처럼 비트코인은 1억 분의 1개 단위로 쪼개는 것이 가능하다. 즉, 구매할 때 1개가 아니라 0.01개, 0.001개 등 다양한 단위로 매수할 수 있다는 뜻이다. 이 때문에 내가 가진 금액이 비트코인이나 이더리움의 가격에 미치지 못해도, 비트코인이나 이더리움 등을 살 수 없는 것은 아니다.

거래소마다 가격이 달라요. 왜 이렇죠? ⭐⭐

가상화폐의 가격인 시장가는 거래소에서 매수하려는 수요와 매도하려는 공급에 의해 결정된다. 하지만 가상화폐 시장은 아직 국가적으로나 법적으로 통제를 받지 않기 때문에 거래소마다 같은 가격을 사용하지 않는다. 그렇기에 거래소마다 거래가 체결되는 시장가가 다르면 가격 차이가 발생한다.

거래량이 많은 거래소일수록 코인 가격이 크게 변동하고 전체적인 가격 흐름을 이끌어 가기도 한다. 하지만 거래소 간 코인 전송이 가능하므로 어느 정도 비슷한 수준의 가격대를 유지할 수 있다.

대표 코인인 '비트코인'은 최근 홍콩의 비트파이넥스 거래소에서 거래량이 가장 많다. 그러므로 우리는 국내 거래소에서 거래를 하더라도 가장 큰 가격 흐름을 주는 비트파이넥스 거래소의 비트코인의 흐름을 항상 주시하는 것이다.

김치 프리미엄과 가상화폐의 상관관계

'김치 프리미엄'이란 말은 2017년에 시작됐다.

내가 처음 가상화폐를 안 때가 2017년 5월경으로 당시 비트코인은 200만 원 선이었고 당시 가격은 해외 거래소보다 약 20% 높게 거래되었다. 당시에는 해외보다 거래 금액이 높아도 당연하게 생각했다.

그해 여름 프리미엄은 50% 가까이 확 치솟았다가 10% 아래로 떨어졌는데, 알고 보니 그 이유는 거래소 간 가격 차이를 이용한 거래자들이 대량의 비트코인을 해외에서 사들여와 국내 거래소에서 매도했기 때문이었다. 우리는 이를 '재정 거래'라 부른다.

일반적으로 해외 거래소에서 돈을 입출금하려면 해외 계좌가 있어야 하므로 계좌가 있거나 외국인이 했을 것으로 생각된다.

이 사건이 있기 전까지 가상화폐는 종목별로 2배에서 많게는 3~4배 이상 상승하던 장이었는데, 당시 비트코인의 첫 하드포크로 인한 불안감과 과도하게 형성된 프리미엄으로 말미암아 다량으로 이루어진 해외 자본의 비트코인 투매 때문에 시장은 처음으로 프리미엄에 대해 학습했다. 당시 나뿐 아니라 대부분 트레이더들은 프리미엄이 어느 정도 이상 형성되면 투매가 나올 것을 두려워하게 되었다.

이후 전 국민이 가즈아를 외치며 가상화폐에 대해 알게 된 2017년 11월경부터 다시 프리미엄이 형성되기 시작했다.

초기에는 3~5% 혹은 역프(역프리미엄, 우리나라 가상화폐 가격이 해외보다 낮음)상태였다. 이 시기에는 해외에서 가격이 올라도 우리나라는 그보다 낮은 퍼센티지로 오르고 내릴 때는 오히려 더 크게 내리기도 했다. 그러다 시총이 낮은 각종 코인도 강한 순환 상승을 이어가면서 자연스레 프리미엄이 다시 10%대를 넘기 시작했다. 그 흐름은 연말 직전까지 프리미엄을 20~30%대로 만들며 상승을 주도했다.

프리미엄이 과도하게 형성되다 보니 중간에 해외에서 가상화폐를 매수해서 국내 거래소에 파는 사람들이 늘어났고, 관광 상품까지 생기기도 했다.

물론 당시 가상화폐가(2021년 지금도) 법적으로 규정돼 있지 않아서 가능했지만 다른 일반 화폐였다면 외환거래법 위반인 상황이었다.

이러한 일이 수차례나 반복되며 거래소 폐쇄에 대한 경고, 신규계좌 발급 중단, 거래소의 실명인증으로 프리미엄 차익 거래를 근절한 결과 60%를 상회하던 '김치 프리미엄'은 자취를 감추게 되었다. 그래서 당시의 기억을 가지고 있는 투자자들은 '김치 프리미엄=하락'이라고 잘못 인식하고 있는 경우가 많다.

나는 '김치 프리미엄'은 기대 심리라고 정의하고 싶다. 블록체인의 거래 장부만큼 국내 거래소의 매매 내역이 점점 투명해지고 있는 현 시점에서 예전처럼 과도한 프리미엄이 형성될 가능성은 전보다 낮을 수밖에 없다고 생각한다.

프리미엄이 과도한 것을 보고 일반적인 개인 투자자(개미)의 매수 심리가 강하니 매도해야 한다고 생각할 수도 있지만, 지난 5년간의 경험으로 보면 그 정도를 3~8%대로 보는 것보다 조금 상향 조정할 필요가 있다.

정량적으로 기술할 수는 없지만, 경험상 10~15%대의 프리미엄까지는 안정권에 속한다. 이 가격대에서 시세 차익을 노리는 투매가 일어나는 경우는 흔하지 않았기 때문이다.

장이 고도화될수록 앞으로 프리미엄 격차가 벌어지는 순간과 가격 차이가 좁혀지는 순간은 더욱 치밀해질 것이다. 하지만 가격 차이가 30% 이상 나면서부터는 수천~수만 개의 비트코인을 거래소 호가에 퍼붓는 투매가 일어났던 점은 꼭 기억해 두면 좋겠다.

2021년 4월에도 프리미엄이 20%이상 형성된 후 가격이 내린 사례가 있다. 기대심리가 너무 강하면 장세가 과열되고 있는 점이 이어지고 있다.

010010001000001

2장에서는 코인을 거래하기 전에 해야 할 거래소 가입과 사용 방법을 알아보고자 한다. 기본적인 코인 거래는 거래소를 통해 이루어지므로 최대한 익숙해져서 실수하지 않도록 알아두어야 한다.

100001

2장

우리 사귈래?_
코인 거래 트기

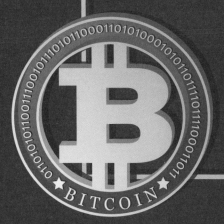

• 1 •

최고의 트레이딩을 위한
최적의 준비

— 코인 거래 필수 준비물: 컴퓨터, 입출금계좌

— 트레이딩 100% 활용 IT 기기: 스마트폰, 스마트워치, 태블릿 PC

우리는 코인 거래로 투자하려는 시작점에 서 있다. 1장에서 코인 거래에 필요한 기초 지식을 알아보았다. 이제는 코인 거래 전 준비해야 할 부분과 실시간 시장에 대응할 수 있는 최적의 준비물을 알아보자.

컴퓨터

코인 거래를 하는 데 기본적인 준비물이다. 물론 인터넷은 가능해야 한다. 거래소 사이트 접속부터 회원가입, 보안인증, 차트 분석, 호가창 확인, 개인 지갑 생성 등 코인 거래 모든 과정에서 A부터 Z까지 컴퓨터는 필수다. 메인 캔들 차트와 각종 보조지표를 활용하려면 큰 모니터 화면도 있어야 한다. 더 많은 차트를 한눈에 볼 수 있기 때문이다. 여러 정보를 종합해 전체적인 투자 전략을 짜려면 차트를 분석하고 시나리오를 세워야 한다. 뒷부분에서 다시 설명하겠지만 우리의 투자에서 가장 중요한 것은 전략이다. 아무런 전략과 작전 없이 매수하는 것 맨발로 칼날 위를 걷는 것만큼 위험한 일이다. 이 책을 사서 읽고 있는 순간부터라도 전략이 없는 무조건적 매수는 절대 하지 않길 바란다.

은행 입출금계좌

코인을 매매할 때는 거래소 가상 계좌에 현금을 입금해야 한다. 그 자금을 입·출금할 수 있는 은행 계좌가 필요하다. 최근 가상화폐 거래 실명제 때문에 거래소마다 특정 은행을 지정해 거래할 수 있도록 하고 있다. 거래소에서는 가상 계좌를 정해진 은행에서 발급받아 사용자에게 공개하고, 사용자는 받은 가상 계좌에 실명 계좌를 통해 입금해 실명제화하는 것이다. 하지만 2021년 4월 기준, 입금에 필요한 가상 계좌를 발급받은 거래소는 별로 없다. 가상 계좌를 발급 가능한 거래 은행은 다음과 같다.

거래소별 입출금계좌 등록 가능 은행(2021.04.07. 기준)

거래소	빗썸	코인원	업비트	코빗
은행	농협	농협	케이뱅크	신한은행

특금법 시행 이후 거래소와 은행에 변동사항이 생길 수 있다.

스마트폰

항상 컴퓨터와 함께할 수 있다면 좋겠지만 우리는 컴퓨터를 매일 들고 다닐 수 없다. 그러므로 휴대가 편리하고 언제 어디서나 인터넷이 가능한 스마트폰이 필요하다. 코인 시장은 24시간 돌아가고 있으므로 적기에 적합한 대응을 하는 것이 필수다. 다행히도 요즘은 컴퓨터보다 스마트폰을 가진 사람이 많으니 준비에 부담은 없을 것으로 생각한다. 대부분의 거래소는 스마트폰으로도 거래할 수 있게끔 되어 있다. 이를 활용해 컴퓨터로 상세 분석을 해서 시나리오에 따른 전략을 세운 후 외출이나 직장에서 업무를 하다가 실시간으로 이동하는 추세에 따라 대응할 수 있다. 이때도 가장 강조하고 싶은 것은 전략이다. 스마트폰만을 보며 차트를 쫓아다니는 매매가 아닌, 내가 세운 전략과 방침을 기준으로 하는 매매가 중요하다.

태블릿 PC

태블릿 PC는 화면은 스마트폰보다 크고 휴대성은 컴퓨터보다 좋으므로 컴

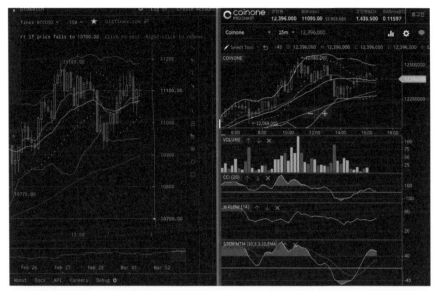

태블릿 PC 화면 분할 차트 확인하기 예시
(왼편은 해외 비트코인 차트, 오른편은 국내 비트코인 차트로 추세를 확인하며 알트코인 매매)

퓨터가 없는 곳에서 활용하기 좋다. 차트를 크게 볼 수도 있으며, 화면을 분할해 해외 차트와 국내 차트를 동시에 비교할 수도 있다. 카페에서 누군가를 기다리는 상황이라든가, 앉아서 태블릿 PC를 활용할 수 있을 때 차트 확인과 매매를 편하게 할 수 있다.

스마트워치

애플워치, 갤럭시워치 등을 매매에 효과적으로 활용할 수 있다. 사용하는 거래소뿐 아니라 다양한 애플리케이션으로 원하는 가격에 도달하면 알람을 받을 수도 있다. 전략에 따라 알람을 설정해두면 차트를 실시간으로 보지 못하는 상황에도 대응할 수 있으며, 텔레그램, 트위터 등 각종 소식을 실시간으로 확인할 수 있어서 유리하다. 필수는 아니지만 잘 활용하면 수익률을 높이는 데 도움이 된다.

특히 스마트워치를 사용하면 가장 좋은 점은 알람 덕분에 시세를 자주 보지 않아도 되어 피로감이 크게 줄어든다는 점이다. 가격이 내리는 것에 대한 불안감이 큰 투자자는 스마트워치를 활용하면 도움이 될 수 있다. 가격이 저렴한 스마트워치도 카카오톡 알람기능이 되면 대부분 가상화폐 관련 어플 알람도 받을 수 있다. 여기까지 투자를 위한 여러 장비를 알아보았다. 이 외에도 한 대 이상의 모니터는 동시에 여러 차트를 볼 때 도움이 된다.

• 2 •

편하고 믿을 만하니까_
국내 거래소

가상화폐는 거래소를 통해 실물 화폐와 교환한다. 하지만 거래소마다 가격이 차이가 있고, 특징과 취급하는 코인 종류가 모두 다르므로 거래소 선택이 매우 중요하다. 최근 이슈가 되고 있지만, 아직 소비자 보호를 위한 거래소 규제나 법규는 미흡하다. 거래소를 어디로 선택하는지에 따라 높은 수익률과 함께 더 높은 리스크를 동반할 수 있다. 그러므로 국내에 존재하는 다양한 거래소 중 내게 맞는 거래소를 선택할 때 고려해야 할 사항을 담아 보았다.

> **TIP** **거래소 선택 시 고려해야 할 사항**
>
> • 거래소의 보안성과 안정성 • 풍부한 거래량
> • 차트 등 거래 편의성 • 상장 코인의 개수 및 종류
> • 거래 수수료

거래소의 보안성과 안정성

거래소 선택 시 고려할 사항으로 거래소의 보안성을 최우선으로 선택했다. 최근 국내외 몇몇 거래소에서 해킹이나 개인정보 유출 사건 등이 보도되면서 투자자의 심리를 불안하게 만들고 있다. 블록체인은 기본적으로 해킹이 불가능하다. 하지만 해킹 이슈가 계속 발생하는 것은 트레이더에게 불안감을 준다. 시장이 초기라는 점을 고려하더라도 우리가 보안의 취약함을 수긍하고 감수하면서까지 투자할 필요는 없다. 다행히 최근 다양한 거래소가 운영 중이며 또 새로운 거래소가 오픈 예정이기 때문에 선택권이 많아졌다.

또한, 거래소 서버의 안정성 역시 중요하다. 우리는 매매를 통한 시세 차익을 목표로 하고 있다. 그러므로 필수적으로 적합한 시점에 매매해야 한다. 거래소의 서버가 불안해 수시로 다운이 되고 원하는 시점에 매매할 수 없다면 수익을 내려다 오히려 의도치 않은 손실을 낼 수도 있기 때문이다. 그렇기에 안정적으로 서버가 운영되는지는 꼭 알아보아야 할 조건이다.

풍부한 거래량

시장의 기본은 수요와 공급이다. 거래가 형성되려면 누군가는 매도하고 누군가는 매수해야 한다. 예를 들면 내가 비트코인을 100만 원에 10개를 매수하고자 한다면 10개를 100만 원에 매도하는 물량이 있어야 한다. 만약 매도하려는 물량이 없다면 원하는 가격에서 원하는 물량만큼 매수할 수 없다. 그렇기에 단기 트레이딩을 하는 데 충분한 거래량은 거래소를 선택할 때 필수적인 요소이며, 나중에 투자하려는 코인을 선택할 때도 거래량은 중요하다.

2018년을 기점으로 가격이 하락해 많은 투자자가 이탈하면서 거래량이 급감했지만 그럼에도 대형 거래소는 천만 원 단위를 투자하기에 충분한 거래량을 보유하고 있다.

차트 등 거래 편의성

현재 국내 및 해외 거래소는 거래소별로 모두 다른 차트를 사용하며, 매매 페이지도 다르다. 이 중에는 사용자에 따라 편리한 페이지가 있고, 불편한 페이지가 있을 것이다. 하지만 최근 가상화폐 거래에 관한 관심이 높아지고 거래소도 매출이 높아지며 주식시장의 장점을 따라서 개선하고 있다. 과거 빗썸 거래소는 자세한 차트를 확인하기가 어려웠지만, 유명 차트 사이트인 트레이딩뷰를 활용해 매매 페이지를 개선했다. 업비트는 해외 거래소에만 있던 예약매매 기능을 추가했다.

상장 코인의 개수 및 종류

가상화폐는 거래소마다 상장돼 거래할 수 있는 코인의 종류가 다르다. 공통으로 상장돼 있는 메인 코인도 있지만, 그 외 알트코인들은 거래소마다 취급하는 종류가 다르므로 자신이 거래하고자 하는 코인이 상장된 거래소를 선택하는 것도 중요하다.

투자 방법은 다양해서 한 가지 코인 거래만을 고집하지는 않기 때문에 거래하고자 하는 코인에 따라 다양한 거래소를 사용하게 되며, 각 거래소의 특징을 몸소 체험하게 될 것이다. 다음에는 각 거래소에 대한 간단한 정보와 가입 및 보안인증 방법을 차근차근 알아볼 것이다.

거래 수수료

거래소는 원화 출금 및 가상화폐 입출금 시 수수료를 받는다. 또한, 매수나 매도 시에도 일정 비율로 수수료를 받는데, 하루에도 여러 번 매매하는 단기 트레이더는 꼭 비교해 봐야 할 부분이다. 각 거래소는 수수료를 누적 거래 금액에 따라 차등 적용하기도 하고, 쿠폰을 발행해 적용하기도 한다.

국내 거래소 특징 및 가입하기

국내에 다양한 거래소가 있다. 그 다양한 거래소마다 특징이 있으며 취급하는 코인도 전부 다르다. 투자자로서 갑자기 발생하는 리스크에 대비하려면 최소 두세 가지 거래소의 사용법은 익혀 두는 것이 좋다. 어느 한쪽 거래소의 서버가 마비되었을 때 다른 거래소에서 대응할 수 있고, 특정 거래소에만 상장된 코인을 거래하기 위함이다. 이제부터는 국내에서 가장 많이 사용하는 거래소 세 곳을 비교 분석해 보겠다.

빗썸(www.bithumb.com)

빗썸 홈페이지 소개

업비트 거래소가 오픈 전까지 국내 거래량 1위 거래소를 유지하고 있었다. 다른 거래소에 비해 다양한 코인 종목을 취급했으며, 매매하기 쉽게 시스템이 구성되어 있다. 하지만 서버 안정성이 문제다. 보안, 서비스 품질에 관련한 꾸준한 이슈 거리가 생기고 있어 많은 이용자가 불편을 호소하고 있다. 그러나 거래 수수료에 있어서 쿠폰을 활용하여 좀 더 저렴하게 이용할 수 있다는 장점이 있다.

거래 수수료

거래수수료 (Trading Fees)

항목	수수료 (Maker Fee / Taker Fee)
기본수수료	0.25 %
할인 정액 쿠폰 사용 시(정액쿠폰 구매하러 가기)	0.04 % ~ 0.2%

※ 빗썸에서 취급하는 모든 가상자산의 거래수수료가 동일하게 적용됩니다.

빗썸 거래 및 입·출금 수수료 안내

OTP 인증

가상화폐를 매매하며 좀 더 안전하게 계정을 관리려면 꼭(!) OTP를 설정해서 사용해야 한다. OTP는 일회성 비밀번호 생성기(One Time Password)로 스마트폰 앱을 통해 실시간으로 생성되는 번호로 보안을 강화할 수 있다. 스마트폰에 '구글 OTP' 앱을 설치하고 거래소에 등록하면 사용할 수 있다.

거래소에 가상 계좌 및 코인 지갑 생성하기[입금]

거래소에 가입하고 인증이 완료된 후 코인 거래를 하기 전에 마지막으로 준비해야 할 부분이다. 원화 입금에 필요한 가상 계좌 개설과 코인별 입출금에 필요한 지갑 생성이다.

이 두 가지는 거래소 홈페이지 메뉴 중 지갑관리-입출금 현황 항목에 가면 간단하게 할 수 있다. 본인 명의의 입출금계좌가 준비돼 있다면 등록하는 방법은 간단하다. 거래소에 가입과 인증을 완료한 후 코인 거래를 하기 위해 마

구글 OTP 앱 설정 방법

지막으로 준비해야 할 부분이다. 원화 입금을 위한 가상 계좌 개설이다. 2021년 2월 기준 업비트의 경우에는 케이뱅크에서, 농협은행의 경우 빗썸과 코인원, 신한은행의 경우 코빗에서 계좌를 개설할 수 있다. 2018년 이후 가상화폐 거래소는 실명계좌를 인증해야 입출금 할 수 있도록 바꾸었다. 이로 인해 외국인들의 프리미엄 차이를 이용한 매매가 줄어들었다. 입금용 가상 계좌는 본인 명의 입출금계좌를 절차에 맞게 등록한 후 발급 버튼을 누르면 발급받을 수 있다. 나머지 코인용 지갑도 같은 방법으로 메뉴에 들어가서 간단하게 발급받을 수 있다.

거래소에 있는 코인 전송하기[출금]

거래소에 있는 코인을 개인 지갑이나 다른 거래소로 보내는 방법이다. 각 거래소의 입출금 페이지에서 입금하려는 거래소의 주소를 입력한 후 출금 코인량을 입력하면 일정 수수료를 떼고 다른 거래소나 개인 지갑으로 이동할 수 있다.

원화 출금은 개인 계좌로의 출금을 말하고 코인 출금은 다른 거래소나 개인 지갑, 타인의 지갑으로의 전송을 의미한다. 원화 출금은 해당 화면에서 원하는 금액과 출금 계좌를 선택하면 되고, 코인 출금은 보내고자 하는 코인 지갑의 주소와 수량을 입력하면 출금할 수 있다.

코인 전송 시 가장 주의해야 할 부분은 꼭 전송하려는 코인과 맞는 지갑 주소를 입력해야 한다는 점이다. 코인 이름이 비슷해서 주소를 잘못 입력하거나 직접 일일이 입력하다가 곤혹을 치르는 일이 자주 발생하는데 꼭 마지막 버튼을 누르기 전에 내가 전송하려는 코인의 주소가 맞는지, 수량은 정확한지 확인하자. 그리고 입출금 주소는 직접 입력하기보다 주소를 복사하고 붙여넣기 하는 쪽이 훨씬 정확하고 간편하다. 잘못 전송된 코인을 되돌리는 건 절차가 복잡하기도 하고 최악의 경우 찾지 못하는 일이 생길 수도 있다. 개인의 주의가 꼭 필요한 부분이다.

업비트(upbit.com)

업비트 홈페이지

업비트 거래 화면

카카오스탁을 만든 핀테크 기업 두나무가 운영하며 최근에 오픈한 거래소다. 원화 거래 가능한 코인의 종류가 많고, 해외 거래소인 비트렉스와의 연계로 100여 개의 상장된 코인을 갖춰 다양한 코인에 투자할 수 있도록 함으로써 규모를 키웠었다. 2017년 가을에 빗썸의 서버 문제로 많은 사람이 이동해 오면서 전 세계 거래량 1위를 차지하기도 했다. 주식 애플리케이션과 비슷한 인터페이스를 제공해 편리하게 사용할 수 있도록 시스템이 구성돼 있다. 원화 거래가 가능하고 오픈 기념 할인을 쭉 이어가고 있어 타 거래소에 비해 낮은 수수료가 장점이다. 거래량이 많은 거래소다 보니 가격 변동이 클 때 거래 취소가 늦는 경우가 있다.

거래 수수료

3. 거래수수료 할인 이벤트!

	일반주문		예약주문
	Maker	Taker	
KRW 마켓	0.139% → 0.05%		0.139%
BTC 마켓	0.25%		0.25%
USDT 마켓	0.25%		0.25%

업비트 수수료 안내

업비트 가입하기

업비트에 가입하려면 우리가 메신저로 많이 쓰는 카카오톡 계정이 있어야 한다. 업비트는 보안인증으로 구글 OTP 대신 카카오톡 메시지 인증을 이용

업비트 로그인 화면(카카오톡 계정 사용)

하기 때문이다. 카카오톡 계정이 준비되었다면 업비트(upbit.com) 홈페이지에 접속해 보자.

업비트 홈페이지 상단 메뉴 오른쪽에 회원가입 버튼이 있다. 버튼을 누르고 카카오 계정을 활용해 간단하게 회원가입을 할 수 있다.

업비트 보안인증

가입이 완료됐다면 다음은 보안인증을 해야 하는데, 업비트에서 보안인증은 크게 5단계로 나뉜다. 이메일 인증, 휴대전화 본인 인증, 입출금계좌 인증, 2채널

2. 보안등급별 1일 입출금한도

내 보안등급 확인하기 >

구분		레벨 1	레벨 2	레벨 3	레벨 4	레벨 5
인증방법		이메일 인증	휴대폰 본인인증	입출금 계좌인증	2채널 추가인증	거주지 인증
입금한도	KRW	0원	0원	무제한 (실명확인 입출금 계좌 인증 시)		
	디지털 자산	0원	무제한	무제한	무제한	무제한
출금한도	KRW 1회	0원	0원	20,000,000원	50,000,000원	50,000,000원
	KRW 1일	0원	0원	50,000,000원	200,000,000원	200,000,000원
	디지털 자산	0원	2,000,000원	100,000,000원	1,000,000,000원	5,000,000,000원

※ 1일 출금한도는 매일 오전 6시 30분에 초기화됩니다.

※ 디지털 자산은 출금 시점의 원화 환산금액을 반영해 1일 출금한도가 관리됩니다.

※ 부정거래가 의심되는 경우 KRW 및 디지털 자산 입출금이 제한될 수 있습니다.

3. 입출금 수수료(부가세 포함)

업비트 회원 간 송금시 바로출금 기능을 이용한 경우 입출금 수수료가 모두 무료입니다.

구분	KRW	BTC	ETH	ETC	BCH	OMG	POWR	REP	SNT	STORJ	MTL	TIX	LTC	QTUM	DGD
입금수수료	무료	무료	무료	무료	무료	무료	무료	무료	무료	무료	무료	무료	무료	무료	무료
출금수수료	1,000	0.0005	0.01	0.01	0.001	0.4	5	0.1	15	4	0.8	3	0.01	0.01	0.04

구분	XRP	MYST	BTG	WAVES	SNGLS	XAUR	MER	EDG	AMP	MAID	AGRS	FUN	ANT	MANA	SRN
입금수수료	무료	무료	무료	무료	무료	무료	무료	무료	무료	무료	무료	무료	무료	무료	무료
출금수수료	1	3	0.001	0.001	3.5	2.5	0.1	4	10	5	10	60	1.3	45	3

업비트 보안 등급별 1일 입출금 한도

추가 인증, 주소지 인증 순이다. 인증한 보안 등급별로 입출금 한도가 정해진다. 당연히 높은 단계의 보안인증이 될수록 많은 액수의 돈을 입출금할 수 있다.

보안인증은 오른쪽 위 마이페이지 버튼을 클릭한 후 보안인증 메뉴에서 진행할 수 있다. 레벨 3인 입출금계좌 인증을 하려면 기업은행 입출금계좌가 필요하다. 업비트는 원화(KRW)를 입금할 때 기업은행의 가상 계좌를 사용하므

보안인증

님의 현재 보안등급은 레벨 4입니다.

거주지 인증시 디지털 자산 출금한도가 상향됩니다.

레벨 1
이메일 인증

레벨 2
휴대폰 본인인증

레벨 3
입출금 계좌인증

레벨 4
2채널 추가인증 사용
카카오페이 인증완료

레벨 5
거주지 인증
출금한도를 상향하세요

업비트 보안인증 페이지

로 본인 실명의 기업은행 입출금계좌가 필요하며, 인증을 받아야 한다. 레벨 4의 2채널 추가인증은 다른 거래소의 OTP 인증과 같은 역할이므로 가능하다면 레벨 4 보안 등급까지는 인증할 수 있도록 하자.

거래소에 가상 계좌 및 코인 지갑 생성하기[입금]

보안인증 과정에서 기업은행 계좌로 계좌 인증을 완료했다면 가상 계좌 개설은 간단하게 할 수 있다. 상단 메인 메뉴에서 입출금 메뉴를 클릭하면 현재 보유 자산과 KRW 입출금 페이지를 볼 수 있다. KRW 충전에서 가상 계좌를 발급받아서 입금할 수 있으며, 출금 신청도 할 수 있다. 출금은 PC에서만 가능하다.

코인 입금에 사용되는 주소를 확인하려면 왼쪽 보유 자산에서 원하는 코인 이

업비트 입출금 페이지

름을 클릭한다. 그러면 KRW 입출금 부분이 해당 코인 입출금으로 변경된다. 거기에서 입금 주소 생성하기를 클릭해 입금에 사용되는 주소를 확인할 수 있다.

거래소에 있는 코인 전송하기[출금]

다른 거래소로 출금하거나 개인 지갑으로 출금하려면 마찬가지로 두 가지 정보가 필요하다. 하나는 보내고자 하는 곳의 주소와 원하는 코인 개수다. 입금할 때와 같은 홈페이지 상단 입출금 메뉴에서 전송하고자 하는 코인 이름을 클릭하고 중앙에 있는 출금신청 버튼을 클릭하면 출금을 안내하는 페이지가 나온다. 양식에 맞춰 주소와 전송량을 입력하면 되는데 이때도 주의해야 할 점은, 보내고자 하는 코인의 주소가 내가 클릭한 코인과 종류가 맞는지 꼭 확인해야 한다.

코인원(coinone.co.kr)

코인원 홈페이지 설명

코인원 거래 화면 설명

국내 거래량이 빗썸, 업비트 다음으로 많은 거래소이며, 원화로 거래할 수 있는 다양한 코인이 있다. 자체적으로 프로차트를 운영 중이므로 다양한 보조차트를 활용해 분석할 수 있다. 하지만 시세 폭등, 폭락 시 서버다운 현상이 종종 있어 논란이 되었던 적이 있다. 거래 금액이 많은 사람은 VIP 신청을 하면 거래 수수료가 이용하면 유리하다.

거래 수수료

수수료 안내

마켓별 고정 수수료율 안내

구분	거래 수수료
Main 마켓	0.2%
Growth 마켓	0.1%

- 기본적으론 마켓별 고정 수수료가 적용됩니다. (Maker, Taker 동일)
- 마켓메이커(MM), 프로멤버십(VIP) 프로그램 신청을 통해 추가적인 수수료 우대 혜택을 받으실 수 있습니다. 프로그램 안내

코인원 거래 수수료 안내

코인원 가입 및 보안인증

코인원 거래소 회원가입 방법은 간단하다. 코인원 홈페이지(coinone.co.kr)에 접속한 후 오른쪽 위에 있는 회원가입 버튼을 클릭한다. 클릭 후 회원가입 페이지에 이메일주소, 비밀번호를 입력한 후 캡챠(CAPTCHA) 인증을 진행하면 기본적인 회원가입이 완료되며 코인원 거래소를 사용하는 데 필

요한 보안설정 페이지로 이동할 수 있다.

코인원 보안인증은 이메일, 휴대폰(실명), 계좌, OTP 인증이 있다. OTP는 필수 인증 요소가 아니지만, 앞에서 설명한 것처럼 코인 거래를 하면서 자신의 자본을 지키려면 OTP 인증도 필수로 진행해야 한다. 보안설정 페이지는 로그인 후 오른쪽 위 마이페이시 버튼을 클릭하면 찾을 수 있다.

※ 코인원 홈페이지 하단의 이용안내 – 거래안내 – 거래소 가이드를 활용하면 유용하다.

거래소에 가상 계좌 및 코인 지갑 생성하기[입금]

코인원에서 원화 입출금을 하려면 NH농협 은행 계좌가 필요하다. 본인 실명의 입출금계좌를 인증하고 나면 KRW 입출금에서 가상 계좌를 발급받을 수 있다. 가상 계좌 발급 후 계좌 이체로 KRW(원화) 입금을 할 수 있다.

코인별 지갑 생성 또한 각 입출금 메뉴에서 원하는 코인 입출금을 클릭하고 입금하기에 가면 간단하게 지갑을 생성한 다음 주소를 확인할 수 있다.

※ 코인원 홈페이지 하단의 이용안내 – 거래안내 – 거래소 가이드를 활용하면 유용하다.

고팍스(www.gopax.co.kr)

고팍스 홈페이지

고팍스 거래 페이지

고팍스는 별도의 계좌 개설 없이, 본인의 계좌로 입·출금이 가능하다는 장점이 있는 거래소다. 거래량이 상대적으로 적은 것은 단점이지만 천만 원대 단위 거래액이 아니라면 충분히 이용할 만한 수준이다.

회원가입은 어렵지 않게 할 수 있다.

회원 가입

고팍스 가입을 위해 이메일 인증이 필요합니다.
실제로 사용하는 이메일을 입력해주세요.

이메일 주소

이메일 입력

패스워드

패스워드 입력

패스워드 확인

①

추천인 초대 코드 (선택)　　　　추천프로그램이란?

6~7자리 코드

☐ 모두 동의합니다

고팍스 이용 약관 동의 (필수)

자세히 보기　　　　　☐ 동의합니다

개인정보 수집 및 이용에 대한 동의 (필수)

자세히 보기　　　　　☐ 동의합니다

②

이벤트 등 프로모션 알림 메시지 수신에 대한 동의 (선택)

자세히 보기　　　　　☐ 동의합니다

가입하기　③

고팍스 회원가입

이메일 인증

고팍스 가입을 환영합니다! 고객님의 이메일 주소로 발송되는 인증코드 6자리를 입력해주세요.

이메일 주소

인증코드

487856

①

②　인증코드 확인

고팍스 회원가입

GOPAX

고팍스에 가입하신 것을 환영합니다!

인증 과정 시작하기   >

고팍스에서는 입출금 및 거래에 대한 높은 보안 수준을 유지하기 위해 본인 확인 절차를 도입하고 있습니다.
아래 세 단계를 필요에 따라 순서대로 진행할 수 있습니다.

1단계 휴대폰 본인 확인을 통해 가상자산(암호화폐) 입금을 활성화하고 일출금 한도를 1,000만원으로 증
액합니다.
2단계 OTP 등록을 통해 가상자산(암호화폐) 출금을 활성화합니다.
3단계 계좌 등록을 통해 원화 입출금을 활성화합니다.
4단계 신원 확인 문서 인증을 통해 일출금 한도를 10억원으로 증액합니다.

나중에 하기   >

입출금 및 거래 불가 상태로 거래소를 둘러봅니다.

고팍스 인증단계

고팍스 인증단계

고팍스 수수료

다른 거래소와 마찬가지로 3단계까지는 인증 단계를 마쳐 놓아야 원하는
타이밍에 입금과 출금을 할 수 있다. 다른 거래소와 달리 새로 계좌를 만들지
않아도 되므로 농협은행을 평소 이용하지 않는다면 고팍스에서 트레이딩하
는 것을 추천한다. 다른 거래소에서 매매하고 싶다면 고팍스에 입금 후 가상
화폐를 타 거래소로 출금해 매매하면 된다.

코인 전송 실수

실수로 etc를 거래소의 eth 지갑에 보냈습니다.. 찾을 수 있을까요 ...
www.chaintalk.io/archive/qna/74 ▾
2017. 3. 26 - 안녕하세요. 오랜만에 찾아오려다가 내 바뀌어 실수를 저지르고 말았습니다 다
오로 환불할까 etc를 거래소의 eth 지갑에 보내버렸습니다.. 이럴경우 찾을 수 있나요??장조서 지갑과
ts hash를 남기겠습니다. 지갑은0xdA57369D79f692664013F5a386A57166...

이더리움을 실수로 이더리움 클래식 지갑으로 보낸 경우... — Steemit
https://steemit.com/kr/@bithumb/@saskae/4qk1nk ▾
2017. 5. 24 - 오늘 빗썸 이더리움 클래식 오픈으로 인해서.. 많은 분들이 보유하신 이더리움 클래식
을 입금하실때데요.. 정말 일어나서는 안되는 일이지만 저처럼. 실수로 이더리움을 이더리움 클래
식 지갑으로 입금한... by saskae

코인전송 실수 - 코인토론판 - 코인판
https://coinpan.com/33610505 ▾
2018. 1. 6 - 이더리움을 업비트에서 사서 코인네스트로 이송하려다 실수로 코인네스트 트론지갑으로
이송해버렸습니다 ㅠㅠ 이거 환불하는건가요 ?? 잃을 방법 있을지요 정말 간절합니다.

전송 실수 하나때문에 700~800만이 날라가고 있습니다. ㅎㅎ - 코인판
https://coinpan.com/25297765 ▾
2017. 12. 24 - 무려 이틀을 최고점 수준인 55000원에 2천5백만원정도?7에 구매를 해서 업비트로 송
금하는 과정에 비 이더리움 지갑으로 송금했네요 * 장을 받을때 금방 먹먹 먹먹 생각을 했는데 역
시나 먹먹함 업비트 담당...

바이낸스에서 코인전송 실수해보신분계신가요? - 자유게시판 - 코인판
https://coinpan.com/free/34467531 ▾
2018. 1. 9 - 이타주소에 다른코인을 보내보신분계신가요? 못찾는건지요?

묻고답하기 - 리플 전송했는데 실수한거 같은데 방법 없을까요; - 머니넷
https://www.moneynet.co.kr/index.php?document_srl=40861 ▾
2017. 8. 3 - 빗썸에서 빗파으로 전송하는데 지갑 주소는 맞게 입력했는데 태그 앞위 숫자를 잘못 넣어
서 천초온 송 송한분는데 그 리플이 어디로 가버렸는지 모르겠네요. 어찌 해야하ㅈ됨...

데스티네이션 태그 실수로 잃어버린 리플을 되찾다. I regained my lost ...
https://steemit.com/kr/@changkyun07/i-regained-my-lost-17-100-ripple-xrp ▾
2017. 6. 13 - 여러분.. 축하해주십시요만 드디어 제가 데스티네이션 태그를 잘못입력해서 잃어버린만
리플을 다시 되찾았습니다ㅠㅠ 이런 감격적인 순간이 있나요. ㅠㅠ 아... 정말 얼마나 많이... by
changkyun07

리플 송금과정에서 실수를 했습니다. - 트레이더스 - 땡글
https://www.ddengle.com/traders_free/2141018 ▾
2017. 6. 23 - failed 상태인지라 빗측에서는 해외거래소에 문의하라는 답변를 받았습니다 혹시 이런
상황을 경험하셨거나 이 부분에 대해 아시는 회원님 있으시다면.. 빈학은없지만 덩치를구하고 조언좀
얻을 수 있을까요.. 해외거래소에는 전화홈화를 한 상태이구요. 일단 보낼 트랜젝션, 리플 수량. 이들 필
요구하는부분에대해 메일...

빗썸에서 bitfinex으로 리플 보냈는데 큰일났네요 도와주십요 - 클리앙
https://www.clien.net/service/board/cm_vcoin/11049099 ▾
2017. 8. 5 - 댓글 7 · 작성자 5
리플 송금의 최대 실수 - 데스티네이션 태그가 누락했습니다.. 보니까 bitfinex 리플 계좌주소가 전부 하
나로 통합되있어서 태그로 사람을 구별하는건데만 태그 목적없으니.. 몰려받을 수 있음과 모르겠습
니다 현지가 빗썸은 어거 송금완료 했다 싶고요. 일단 bitfinex에 문의 넣었는데 넘어렵네요? 해당 사례
있으신 분...

인터넷에서 흔히 볼 수 있는 실수들

코인 초보자들이 흔히 하는 실수다. 본문 내용 중 계속 강조했지만 코인 전송을 하려
면 같은 종류의 코인 지갑 주소가 필요하다. 가장 혼동하기 쉬운 것이 ETH와 ETC다.
XRP 전송 시 지갑 주소와 데스티네이션 태그를 빼먹거나 틀리게 입력하는 때도 있
다. 한번 잘못 전송하면 거래소에 도움을 받아 찾을 때도 있지만 못 찾는 경우도 발생
할 수 있다. 찾더라도 시간이 걸리는데 그동안 시세가 변하고 자금이 묶이는 부담을
떠안아야 한다. 그러므로 코인을 전송할 때는 꼭(!) 전송하는 지갑 주소가 내가 받고
자 하는 코인의 종류와 일치하는지, 수량은 정확하게 입력했는지 확인해야 한다.

• 3 •

리플을 5원에 살 수 있었던 이유 _
해외 거래소

가상화폐는 국내에서만 거래되는 것이 아니라 전 세계를 대상으로 거래가 이루어진다. 이는 블록체인이 탈중앙화를 추구하는 특징과 연관이 있다. 어느 한 나라에서 권한을 쥐고 있는 것이 아니라, 블록을 소유한 모두에게 같은 권한이 있는 것이다. 그렇기에 가상화폐 트레이딩을 잘하려면 해외 거래소도 적절하게 사용할 줄 알아야 한다. 왜냐하면, 해외 거래소는 국내 거래소보다 많은 종류의 코인이 거래되고 있으며, 거래소별로 가격 차이가 나는데 흔히 말하는 '김치 프리미엄'을 활용할 수도 있기 때문이다. 또한, 국내에서 금지된 마진 거래도 가능하다. 마진 거래는 원하는 포지션에 따라 하락 또는 상승에 각각 투자하며, 가지고 있는 자본금보다 더 많은 액수를 투자할 수 있어

큰 수익을 내는 방법이다. 하지만 이는 초보자에게는 절대 추천하지 않는다. 큰 수익을 낼 수 있는 만큼 큰 손실도 쉽게 주기 때문이다. 마진 거래에는 기간 제한과 마진콜이라는 개념이 있어서 회복할 방법도 없이 강제 청산 당할 수도 있다.

최근 한국이 가상화폐 시장에서 절대적인 비율을 차지하면서 한글을 지원하는 거래소도 늘고 있지만, 대부분은 외국어로 운영된다. 하지만 거래소에서 대화할 것이 아니니까 기본적인 부분만 안다면 거래할 수 있다. 또한, 해외 거래소에는 국내에 상장되지 않은 아주 낮은 가격에 코인을 구매할 수도 있다. 예를 들어, 국내 거래소 상장 전인 2013년에 해외 리플 가격은 5원이었다. 이렇듯 해외 거래소는 국내에 상장되지 않은 유망한 코인을 찾는 기회의 장이 될 수 있다.

리플 가격

비트파이넥스(bitfinex.com)

비트코인 최대 거래량, 마진 거래 가능

비트코인의 거래량이 많은 거래소이다. 비트코인이 기축 통화인 만큼 비트 거래량이 많은 비트파이넥스에서 가격 변동을 주도하는 경우가 많다. 비트코인을 거래하고자 한다면 항상 비트파이넥스 시세를 주목해야 한다.

비트파이넥스에는 기축 통화로 BTC(비트코인), ETH(이더리움), USD(달러), EUR(유로) 4개의 마켓이 존재한다. 거래에 필요한 다양한 옵션이 있어 편리한 거래가 가능하다.

비트파이넥스는 마진 거래와 펀딩거래(렌딩거래)가 가능하다. 하지만 초보자에게는 절대 추천하지 않는다.

비트파이넥스 메인 페이지 소개

1) 회원 가입 및 로그인

2) 가입하지 않고 거래창 보기

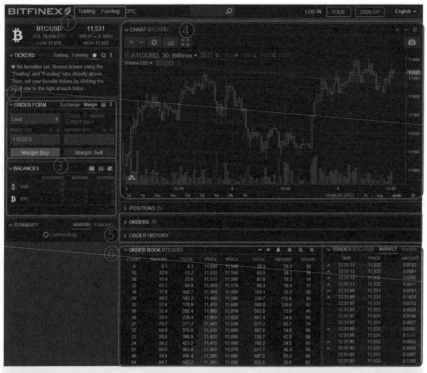

비트파이넥스 거래 페이지 소개

1) Trading: 코인 거래, Funding: 내가 가진 코인을 빌려주고 이자 받기

2) ORDER FORM: 거래 주문창

Exchange: 일반 거래, Margin: 마진 거래(빌려서 거래하기)

OCO: 둘 중 하나의 거래가 체결되면 나머지 취소

HIDDEN: 호가창에 보이지 않도록 주문

POST ONLY: 지정가(maker) 수수료를 내는 지정가 주문이 아니라면

취소

3) 현재 잔고

4) 차트

5) 주문 및 완료 내역

6) 호가창 및 실시간 체결 내역

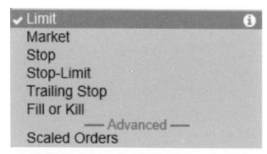

비트파이넥스 다양한 거래 옵션 소개

1) Limit: 지정가 거래

2) Market: 시장가 거래

3) Stop: 해당 가격에 도달했을 때 시장가로 매매

4) Stop-Limit: 해당 가격에 도달했을 때 지정가로 매매

5) Trailing Stop 가격이 변동 중 저/고점 후 정해진 양만큼 상승/하락하면
   매매

6) Fill or Kill: 주문 내용 중 체결되지 못한 부분은 취소

비트멕스(www.bitmex.com)

최대 100배 마진 거래 가능

비트멕스 메인 페이지 소개

　조건에 따라 100배의 마진 거래가 가능한 거래소다. 비트멕스에선 한국어
를 지원하여 접근이 편리하다.

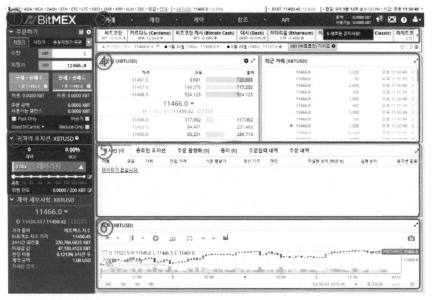

비트멕스 거래 페이지 소개

1) 거래 주문창: 마진 거래 가능

2) 마진 거래 배율을 정할 수 있음

3) 거래 가능한 코인의 종류.

   비트코인은 100배 거래가 가능하고, 알트코인은 초대 50배.

4) 호가창 및 최근 체결 내역

5) 현재 포지션 및 대기주문, 완료 내역 등을 확인 가능

6) 차트창

바이낸스(binance.com)

거래소 자체 코인 사용 시 최저 수수료 가능

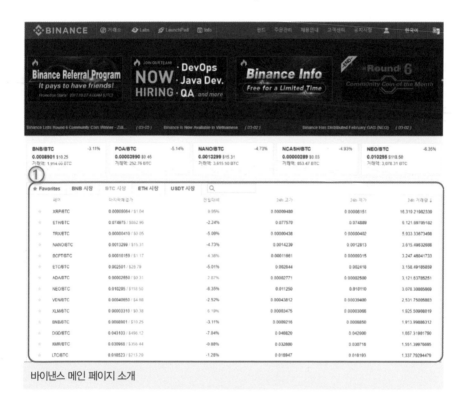

바이낸스 메인 페이지 소개

거래량이 풍부해 단기 트레이딩에 유리하다. 한국어 페이지를 지원한다. 많은 코인을 거래할 수 있으며, BNB라는 자체 코인을 사용하면 거래 수수료 가 적은 장점이 있다. 현재 세계적으로 거래량과 가상화폐 종류가 가장 많은

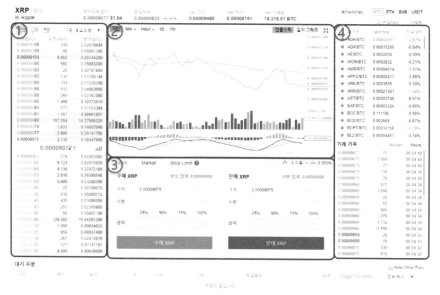

바이낸스 거래 페이지 소개

거래소이고 다양한 파종투자를 하기에 좋은 거래소이다.

1) 호가창

2) 차트창

3) 거래 주문창

4) 코인 시세 및 체결내역

추가인증의 중요성

대부분 거래소는 보안인증 업그레이드를 해야 1일 인출 가능 금액이 커진다. 하지만 해외 거래소를 사용하면서 영어에 어려움을 느끼거나 번거로움 때문에 추가 인증을 생략하는 투자자가 많다. 2017년 6월 나는 폴로닉스 거래소에서 코인 종류가 좀 더 많은 비트렉스 거래소로 자금을 옮기려 했다. 그러나 미리 인증을 해두지 않아서 하루에 2,000달러 미만만 인출이 가능했다. 나는 일주일에 걸쳐 비트렉스로 코인을 전송했다. 그래서 원하는 타이밍에 매수하지 못하고 테더로 바꿔 다음 기회를 노려야 했다. 금액을 1,000만 원 이상 운용하는 투자자라면 꼭 추가인증을 해서 1일 인출 가능 금액에 대한 제한을 풀어 두자.

$2,000.00 remaining of $2,000.00 USD daily limit.

1일 출금 제한 메시지

4

해외 거래소 문제 해결!
Support 페이지

영어로 된 해외 거래소를 사용하면서 가장 걱정하는 부분이 문제가 생겼을 때 어떻게 해결해야 하는지다. 자주 이용하는 비트렉스 거래소의 기본적인 사용 방법은 이 책에 수록돼 있고, 바이낸스, 비트멕스 거래소는 한글을 지원하므로 이용하는 데 큰 어려움이 없다.

영어로만 거래할 수 있는 비트렉스와 비트파이넥스 거래소에서 문제가 생겼을 때는 Support 페이지로 가보자. 자주 묻는 질문인 FAQ와 직접 질문할 수 있는 부분이 있다. 지금부터 Support 페이지로 찾아가는 방법과 문제 해결 방법을 소개하고자 한다.

비트렉스(https://bittrexglobal.zendesk.com/hc/en-us)

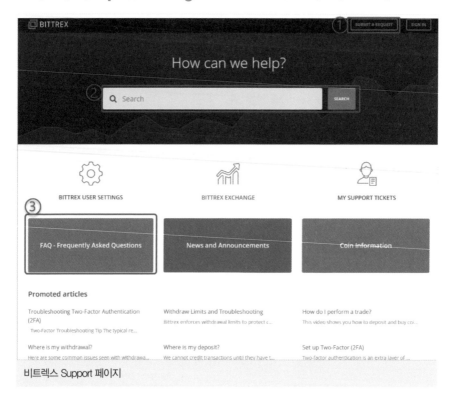

비트렉스 Support 페이지

1) 문의사항 제출

2) 사전에 지정되어 있는 질문을 검색할 수 있다

3) FAQ 질문을 보며 문제점을 해결할 수 있다.

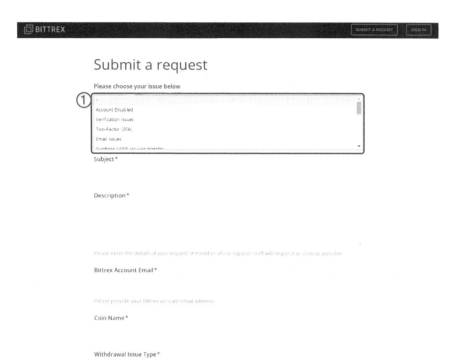

비트렉스 Submit a Request 페이지

문제가 있는 부분을 선택하여 질문을 남길 수 있다.

비트파이넥스(https://cs.bitfinex.com)

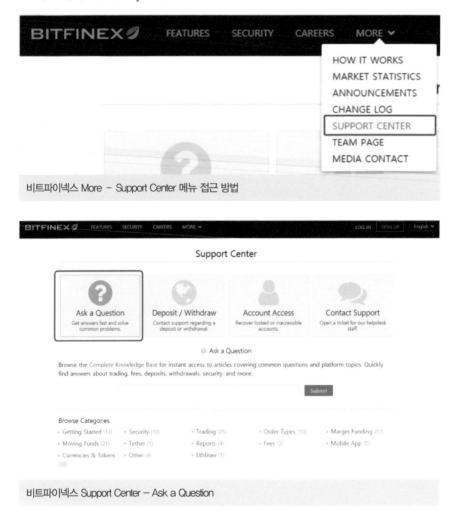

비트파이넥스 More – Support Center 메뉴 접근 방법

비트파이넥스 Support Center – Ask a Question

FAQ에서 자주 발생하는 문제를 검색하거나 카테고리화 되어 있는 부분에서 해결 방법을 찾을 수 있다.

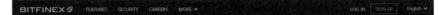

Support Center

Ask a Question	Deposit / Withdraw	Account Access	Contact Support
Get answers fast and solve common problems.	Contact support regarding a deposit or withdrawal.	Recover locked or inaccessible accounts.	Open a ticket for our helpdesk staff.

∨ Deposit / Withdrawal

ⓘ This section is for troubleshooting a _specific_ deposit or withdrawal. If you have _general_ questions or concerns about deposits and withdrawals, please select "Ask a Question" above.

Do you have a Bitfinex account?

Yes	I already have a Bitfinex account	‹
No	I do not have a Bitfinex account	‹

비트파이넥스 Support Center - Deposit/Withdraw

입/출금에 대한 특별한(Specific) 문제를 해결하기 위한 메뉴로 대부분의 내용은 Ask a Question에서 찾을 수 있다.

비트파이넥스 Support Center - Account Access

계정 보안과 인증에 관련된 문제를 해결할 수 있는 메뉴다.

Ask a Question	Deposit / Withdraw	Account Access	Contact Support
Get answers fast and solve common problems.	Contact support regarding a deposit or withdrawal.	Recover locked or inaccessible accounts	Open a ticket for our helpdesk staff

Contact Support

To connect directly to the support team, please briefly describe your question or concern:

Submit

비트파이넥스 Support Center - Contact Support

위의 메뉴에서 찾지 못한 문제는 직접 요청할 수 있다.

위험한 속삭임_재정 거래, 자전 거래란?

재정 거래(Arbitrage)

재정 거래란 해외 거래소의 시세와 한국 거래소의 시세 차이를 이용해 수익을 내는 거래를 말하며 차익거래라고도 한다.

재정 거래를 하는 것은 법적으로 문제의 소지가 생길 수 있다. 하지만 본 책에서는 정보 전달의 목적으로 재정 거래를 소개하는 것일 뿐 재정 거래를 절대 권하지 않는다.

자전 거래(Cross trading)

보유 중인 코인을 같은 가격과 같은 수량으로 파는 동시에 되사는 것을 자전 거래라 한다. 자전 거래로 세력끼리 코인을 사고파는데 거래량을 증가시키면서 개미 투자자의 진입을 유도하기도 한다. 외국인, 기관, 고래 투자자(시드머니가 큰 투자자)들이 자전 거래를 하는 경우가 많다. 가격을

구매/판매	1리플 당 가격	리플 수량
판매(7)	309	279,021.720532
판매(6)	308	488,371.063200
판매(5)	307	442,195.214600
판매(4)	306	1,235,274.333200
판매(3)	305	1,793,935.410906
판매(2)	304	1,022,069.412416
판매(1)	303	347,273.638041
구매(1)	302	1,528,217.634700
구매(2)	301	1,332,903.600500
구매(3)	300	1,975,165.915500
구매(4)	299	889,236.719900
구매(5)	298	934,506.644500
구매(6)	297	644,091.195300
구매(7)	296	632,256.956400

자전 거래 예시

조절하는 방법의 하나로 과거 리플코인이 100~300원일 때 103원에 큰 금액으로 매수 벽을 만들고, 또 106원에 큰 금액으로 매도 벽을 만들어두고 그 사이에서 거래하는 투자자도 있었다. 이런 것을 일명 '가두리 친다'라고 한다.

안 보고 있을 때도 알아서 거래하는_스탑 로스(Stop-loss)란?

스탑로스란 원래 주식시장에서 주로 사용하던 용어로 전반적으로 등락 폭이 커지고 약세장으로 전환되었을 때 과감하게 손절매하는 전략을 의미한다. 등락 폭이 크고 24시간 동안 거래가 가능한 가상화폐 시장에서는 빠른 손절매도 중요한 매매 전법 중 하나다. 하지만 손절매(stop-loss) 기능을 제공하는

비트렉스 스탑로스

거래소는 극히 드물어 주로 이러한 매매는 비트렉스 거래소에서 이루어진다.

비트렉스 등 해외 거래소 기준으로

Greater than or equal to는 현재가 >=목표가

Less Than or Equal to는 현재가 <=목표가

의 2가지 메뉴가 있다.

즉, Greater than or equal to는 현재가보다 낮은 목표 가격에서 지정한 가격까지 시장가로 매수/매도하는 방법이고, Less Than or Equal to는 현재가보다 높은 목표 가격에서 지정한 가격까지 시장가로 매수/매도하는 방법이다. 실시간으로 대응하기 힘들 때 지정할 수 있는 매매 방법이다.

업비트 예약매매(스탑로스)

업비트에도 스탑로스 기능이 있다. 사진은 매수 시 예약매매창이다. 감시가는 조건 가격이다. 감시가가 196원일 경우 시장가격이 196원에 도달하면 낮은 '매수가격'으로 매수 주문을 자동으로 넣는다. 감시가 196원 매수가 193원이면 가격이 196원에 도달 시 193원에 매수 주문을 넣어 가격이 좀 더 내릴 때 자동으로 매수를 시도하도록 한다.

매도에서도 마찬가지이다. 감시가가 만약 200원, '매도가격'이 204원일 경우 가격이 200원에 도달하면 자동으로 204원에 매도하도록 주문이 걸린다.

여기서 '미리 걸어놓으면 되는 거 아닌가?'라고 생각을 하는 독자들이 있을 것이다. 하지만 스탑로스가 있는 것만으로도 매매에 큰 도움이 된다. 예를 들어 리플의 가격이 현재 200원인데 185원 아래로 내려가기 전에는 매수포지션을 유지하고 싶다. 그런데 수면 시간에 가격이 내리면 대응할 수 없으므로 손실을 입어야 한다. 185원을 지켜주면 상승 추세를 유지한다고 판단했다면 자기 전에 미리 파는 것보다 나의 매매 전략에 맞게 홀딩을 유지해서 상승분을 챙기는 것이 훨씬 유리하다. 반대로 예약매수는 자기 전 오를 것이라 예상은 하는데 확실하지 않은 경우 유용하다. 예약매매를 안 하고 미리 매수하고 자는 것은 하락에 대응할 수 없다. 하지만 특정 가격 이상이면 강한 상승을 할 것이라 예상한 경우, 즉, 저항을 돌파하는 가격에 도달할 때 자동으로 매수하게 해두면 자면서도 수익을 낼 수 있다. 따라서 스탑로스를 활용하면 손실을 줄이며 안전하게 매매할 수 있다.

1장에서 코인에 대해서 알아보았고, 2장에서는 거래소 가입과 코인 전송법까지 모든 준비를 마쳤다. 그럼 이제 실제 매매하는 방법과 기준에 대해서 알아야 한다.

내가 사람들에게 많이 받는 질문 중 하나가 "××코인이 지금 ○○원인데 사야 할까요?"다. 이 질문의 정답은 뭘까? 이 질문을 하는 이유는 뭘까? 아마 이 질문의 의도는 "이 가격에 사면 오를까?"라고 묻는 것이 아닐까? 잘 생각해 보면 가장 중요하고 근본적인 질문이다. 우리는 매매 차익으로 수익을 내기 때문에 저가에 사서 고가에 팔아야 한다. 그럼 '지금 사면 가격이 오를 것이다'라는 판단을 어떻게 내릴 수 있을까? 장기적으로 봤을 때 백서의 내용과 코인에 관한 연구를 해서 현재 가치는 저평가돼 있으니 지금 투자하면 가격이 오를 것이라고 투자하는 방법이 있을 수 있고, 단기적으로 눌림의 자리에서 짧은 파동으로 단기 저점, 고점을 찾아내며 꾸준히 수익을 낼 수도 있다. 전자는 코인의 가치 평가 문제이기 때문에 이 책에서는 깊게 다루지 않는다. 대신 후자는 차트 기반으로 기술적인 분석을 해서 판단할 수 있으므로 설명해 보고자 한다.

010010001 00001

3장

콕 찍어 알려 줄게.
코인,
이제 사고팔자

100001

010010001 00001

• 1 •
투자 계획 세우기

실제 트레이딩에 진입하기 전 우리는 현재 소유하고 있는 자금을 어떤 식으로 투자할 것인지 계획을 세워야 한다. 이 계획이란 투자 전략과도 같은 의미로, 내 자금을 어떤 식으로 분산하여 포트폴리오를 구성할 것인지부터 시작한다. 이 전략이 중요한 이유는 내가 가용한 자산이 어느 정도인지, 어떤 방식으로 어느 정도까지 투입할 수 있는지 알아야 하기 때문이다. 가용 예산 범위가 정해지면 그 안에서 분할매수, 분할매도로 투자 리스크를 줄일 수 있다.

단기, 장기 투자 자금 나누기

우선 단기 투자와 장기 투자의 차이점을 알아야 한다. 단기 투자는 거래 간격으로는 스캘핑(매우 짧은 시간에 차익을 노림), 데이트레이딩(당일 장중에 시세 차익을 노림), 스윙(수일에 걸친 시세 차익을 노림) 등으로 구분할 수 있으며, 장기 투자는 코인의 가치를 믿고 길게 가져가며 큰 시세 차익을 기대하는 것을 말한다. 짧은 기간에 시세 차익을 노리는 단기 투자는 하루에도 큰 폭으로 시세가 변하는 코인 시장을 확실하게 대응할 수만 있다면 수익을 극대화하는 방법이다. 하지만 차트를 분석할 수 있는 실력이 있어야 하며, 수시로 시세를 확인해 대응할 만한 시간이 필요하다. 반면 장기 투자는 코인의 목적과 로드맵을 분석해 장기적으로 향상될 가치를 예측해 투자하는 방법이므로, 차트를 읽는 기술보다는 코인과 블록체인에 대한 지식이 더 필요하다.

중요한 것은 자신의 투자 성향과 주어진 능력에 따라 전체 자산을 장기 투자용과 단기 투자용으로 구분해야 한다는 것이다. 예를 들어, 1억 원의 자산을 투자할 계획이라면 5,000만 원은 단기 투자에 사용하고, 5,000만 원은 장기 투자에 사용하겠다는 계획을 세워야 한다.

단기 투자 종목 개수 정하기

단기 투자에 5,000만 원을 사용한다면 한 종목에 5,000만 원을 투자할 수도 있고, 분산해 2~3 종목에 투자할 수도 있다. 개인의 선택이지만 한 종목에 1,000만 원에서 5,000만 원 사이로 나누어 투자하는 것을 추천하고 싶다. 이유는 단기 투자는 원하는 타이밍과 가격에서 매수하고 매도할 수 있어야 하는데, 너무 큰 금액은 운용하기에는 불리할 수 있기 때문이다. 반면 너무 적은 금액은 가볍게 운용하기에는 유리하지만, 수익이 적기 때문에 만족스럽지 않을 수 있다. 동시에 투자하기 적합한 종목은 최대 3~4 종목이다. 그 이상을 넘어가면 매매 타이밍을 잡거나 관리하기 어렵다.

종목당 투자 금액 정하기

앞에서 투자할 종목의 개수를 정했다면 그다음으로 정해야 할 것은 해당

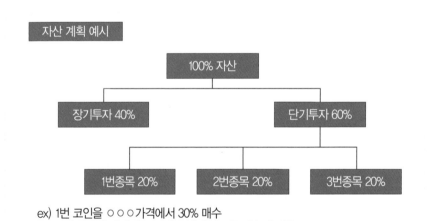

투자 자금 계획하기

종목당 투자해야 할 최대 금액을 정하는 것이다. 5,000만 원을 3종목에 투자한다면 1,500만 원, 1,500만 원, 2,000만 원과 같은 식으로 최대 금액을 정하는 것이다. 이는 분할매수, 분할매도를 할 비율을 정하기 위함이다. 예를 들어, 3종목 중 1종목을 30% 매수한다면 1,500만 원에서 30%를 계산해 450만 원어치를 매수한다는 의미다. 간단해 보이지만 중요한 부분이므로 앞으로 분할매수, 분할매도를 할 때 꼭 기억해야 한다.

투자할 코인 고르기

투자 자금 계획까지 마무리되었다면 이제는 투자할 코인을 고른다. 장기 투자용 코인은 코인의 활용 가치와 앞으로 발전 가능성을 보고 골라야 한다. 이 부분은 5장에서 다루겠다.

단기 투자용 코인을 고르는 조건에는 어떤 것이 있을까?

시세 변동

단기 트레이딩의 핵심은 단기간의 시세 차익이기 때문에, 핵심 조건은 강한 상승 혹은 하락 중인 코인을 고르는 것이다. 강한 움직임을 보여야 단기간에 차익을 쉽게 취할 수 있다. 움직임이 거의 없는 코인은 단기 시세 차익을 취하기도 쉽지 않지만, 단기 시세 차익을 보더라도 얼마 안 된다. 그 정도 수익률에 위험을 감수할 필요가 없다. 전일이나 당일, 상승률이나 하락률이 상위권에 있는 코인으로 정하는 것이 중요하다.

풍부한 거래량

원하는 타이밍에 사고팔아야 하는 단기 트레이딩을 하려면 거래량이 풍부한 코인을 골라야 한다. 각 거래소에서는 24시간 거래량을 메인페이지에서 알려주고 있다. 시세 변동과도 통하는 부분인데, 거래량이 풍부하다는 의미는 그만큼 시세 변동 가능성이 많다는 것이다. 거래량이 많을수록 운용할 수 있는 금액의 범위도 커진다. 거래량이 작은 코인을 거래하려고 큰 금액을 운용한다면 나의 매수, 매도 물량을 시장이 소화해 주지 못해 원하는 거래를 할 수 없다. 이런 경우 나에 의해 차트가 무너지는 것을 볼 수 있다.

코인 시가총액

시가총액은 코인의 개수와 현재가의 곱으로 계산한다. 시가총액이 중요한 이유는 소수에 의해 급격하게 시세가 변동되는 걸 방지할 수 있기 때문이다. 예를 들어, 시가총액이 5억 원인 코인이 있다면, 1억 원을 가진 한 명으로도 충분히 시세를 흔들 수 있다. 작전 세력이 노리는 것이 바로 이런 코인이다. 시가총액이 적은 코인들을 매수해 가격을 올려 매도하는 등의 장난을 친다. 이런 장난에 넘어가지 않으려면 충분히 시가총액이 큰 코인을 고르는 것이 좋다.

※ 시가총액은 코인마켓캡(https://coinmarketcap.com/)에서 확인할 수 있다.[M.Cap:시가총액]

· 2 ·

판을 볼 줄 알아야지 _
차트 읽는 법/보조지표 설정하기

차트는 기존에 체결된 가격들의 데이터를 시간의 축을 따라 2차원 평면에 시각화한 도표이다. 단순히 숫자를 바라보는 것보다 시각적이라 가격 변동의 기록을 기술적으로 분석하는 기초 자료로 활용할 수 있다. 차트를 통해 과거의 기록을 살펴볼 수 있고 미래 진행 방향에 대한 이정표를 놓을 수 있다. 분석하는 사람에 따라 다양한 의견이 나올 수 있지만, 그 분석의 기초에는 차트 데이터가 있음이 틀림없다.

주식 차트를 분석한 책은 시중에 많이 나와 있다. 하지만 주식과 가상화폐 시장은 분명한 차이가 있다. 가상화폐 시장에 맞게 차트를 분석해야 한다. 하지만 처음 코인 매매를 시작하는 사람이 어떤 것이 맞는지를 알기란 쉽지 않다. 그렇기에 가상화폐 거래에 꼭 필요한 부분만 골라서 설명하고자 한다. 최소한 이 정도는 알아야 차트 분석 글을 읽을 때 어느 정도 이해가 될 것이다.

대표적인 차트 분석 사이트

- 크립토워치(Cryptowatch): cryptowat.ch 가격 변화에 대한 반응이 빠름
- 트레이딩뷰(Tradingview): www.tradingview.com 다양한 지표와 여러 사람의 분석 의견을 참고할 수 있음
- 코인원(Coinone) 프로차트: coinone.co.kr/chart 코인원에서 운영하는 차트로 다양한 보조지표를 활용할 수 있음, 사용자 간 채팅이 가능함
- 업비트 차트: Upbit.com 업비트에서 자체 운영하는 차트로 다양한 보조지표를 활용할 수 있음

캔들 차트

캔들 차트는 널리 쓰이는 차트 형태다. 양초처럼 생긴 막대기가 지정한 시간 단위로 그려진다. 기본적 캔들의 형태를 이해하고 분석을 시작하여야 한다. 몸통의 넓이, 꼬리의 길이를 통해 매수와 매도의 힘을 분석할 수 있다.

- 시가: 캔들 기준 시간의 시작 가격
- 종가: 캔들 기준 시간의 종료 가격

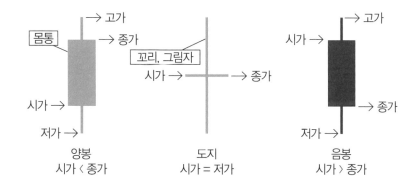

캔들 차트 이해

- 고가: 캔들 기준 시간 동안의 최고가격
- 저가: 캔들 기준 시간 동안의 최저가격
- 양봉: 캔들 기준 시간 동안 시가 〈 종가
- 음봉: 캔들 기준 시간 동안 시가 〉 종가
- 도지: 캔들 기준 시간 동안 시가 = 종가

　몸통의 길이가 길게 형성된 캔들을 장대양봉, 장대음봉이라 하며, 이러한 캔들이 나타난다면 상승세 혹은 하락세가 강하다는 이야기다. 반대로 꼬리가 길게 늘어진 캔들이 나타나면 추세 전환의 신호로 해석하는 경우가 많다.

봉 마감 시간

차트를 보다 보면 일봉 마감 시간이 당연히 자정일 것이라 생각하는데 아침 9시에 새로 일봉을 시작하는 곳이 많다. 거래 사이트의 설정 기준이 표준시(UTC+0)가 아닌 한국시(UTC+9)로 되어 있기 때문이다.

과거에는 표준시를 기준으로 차트를 그리는 곳도 많았다. 같은 시간, 같은 코인을 보고 있는데도 거래소마다 봉 마감 시간이 달라 매매할 때마다 해외 거래소의 봉 마감 시간을 확인해야 했는데, 요즘에는 기본 설정이 대부분 통일돼 있어서 헷갈릴 일이 없다. 그렇다면 언제가 주로 중요한 시점일까?

물론 네 시간마다 돌아오는 4시간봉 마감은 매번 중요하다. 특히 더 관심을 가지면 좋은 시간대는 아래와 같다.

아침 9시 전후

일봉이 마무리되고 새로 봉을 그리는 시점이다. 장 난이도가 올라갈수록 일봉의 초반 흐름과 반대로 가는 경우가 많다. 따라서 아침 9시 직후 일봉이 처음 그려질 때 상승이라고 무조건 좋게 볼 것이 아니라 하락 요소는 없는지 확인해야 한다.

또한 아침 9시 직전에는 봉 마감을 위한 가격 변동이 종종 생기기도 한다. 전날 밤새 가격이 내렸다면 아래꼬리를 길게 만들면서 하락을 회복하기도 하기 때문에 아침에 매매하는 자는 관심 있게 봐야 하는 시점이다.

오후 9시 전후

아침이 일봉 시작 시점이라면 밤 9시는 6시간봉과 4시간봉이 만나는 시점으로 여러 차트에 변곡점이 오는 중요한 시점이다. 나는 지난 5년간 투자하면서 개인적으로 이때 추가 하락이나 급상승을 겪은 적이 꽤 많다. 이 시간은 귀납적인 이유가 아닌 여러 봉이 겹치는 시점이기 때문이다. 따라서 가격이 수렴하거나 상승 또는 하락하는 등 특정 방향으로 쏠려서 가격이 오르거나 내릴 때 이 시점이 오면 직전 흐름과 다르게 움직일 수도 있고, 오르던 코인 대신 다른 코인이 상승하기도 하고 심지어 비트코인이 급락한 적도 있었다.

짧게 매매하는 투자자에게 이 시기는 수면 전 코인의 홀딩 여부를 결정하는 중요한 시점이다. 나도 보통 이 시기에 예약매수나 예약매도를 어느 가격에 걸어둘지 결정한다.

지지와 저항

- 지지선: 가격이 하락하는 중에 일정 가격대에서 머물거나 반등하는 가격대
- 저항선: 가격이 상승하는 중에 일정 가격대에서 머물거나 하락하는 가격대

지지선, 저항선 이해

추세

- 상승 추세: 강한 상승과 약한 조정의 움직임으로, 새로 생성된 저점이 전 저점보다 높은 가격에서 형성
- 하락 추세: 강한 조정과 약한 상승의 움직임으로, 새로 생성된 고점이 전 고점보다 낮은 가격에서 형성
- 수평 추세: 상승과 조정이 반복되지만, 고점과 저점이 전과 비슷한 수준

추세선 이해

으로 이어지며 가격이 형성

- 상승 추세선: 상승 추세에서 저점과 저점을 모아 연결하여 그린 선
- 하락 추세선: 하락 추세에서 고점과 고점을 모아 연결하여 그린 선

이동평균선(Moving Average)

이동평균선은 해당 단위 기간 동안 가격의 평균값.

골든크로스

단기 이동평균선이 장기 이동평균선을 위로 돌파.

'단기간 가격 평균이 장기간 가격 평균보다 상승세가 크다'라는 의미로 급
격한 가격 상승 전환 의미.

데드크로스

단기 이동평균선이 장기 이동평균선을 아래로 돌파.

'단기간 가격 평균이 장기간 가격 평균보다 하락세가 크다'라는 의미로 급격한 가격 하락 전환 의미.

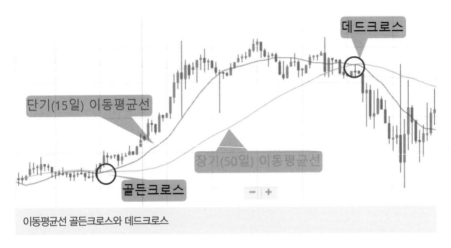

이동평균선 골든크로스와 데드크로스

보조지표

코인 거래를 하며 보조지표를 활용하면 조금 더 정확하게 판단할 수 있다. 보조지표는 말 그대로 보조적인 부분이며, 절대적이지는 않다. 하지만 캔들만 보고서는 확인할 수 없는 부분을 계산해 나타내 주므로 기술적 분석의 근거로 활용한다면 성공적으로 매매하는 데 도움이 될 것이다. 여기에서 많은 보조지표를 다 설명할 수는 없으므로, 활용도가 높으면서 가상화폐 시장의 빠른 사이클에서 효율적인 보조지표를 소개하고자 한다.

볼린저 밴드(Bollinger Band)

추세중심선(보통 20일 이동평균선) 기준으로 상/하한선을 나타낸 보조지표다. 가격의 변동성이 커지면 밴드의 폭이 넓어지고, 변동성이 작아지면 폭이 좁아진다.

확률적으로 볼린저 밴드 안에서 가격이 움직일 확률이 약 95.44%이며, 밴드를 벗어날 확률은 4.56%이다. 이를 이해하고 다른 지표와 함께 전략을 세우는 것이 좋다.

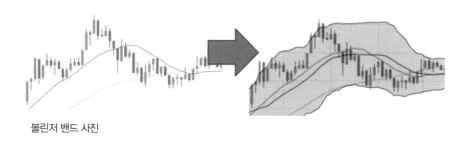

볼린저 밴드 사진

거래량

단위 시간 동안의 거래된 양을 나타내는 지표. 거래량이 증가하며 추세의 전환이 있을 때를 주시해야 한다.

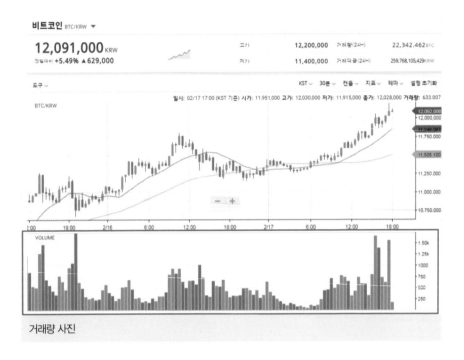

비트코인 BTC/KRW ▼

12,091,000 KRW
전일대비 +5.49% ▲ 629,000

| 고가 | 12,200,000 | 거래량(24H) | 22,342,462 BTC |
| 저가 | 11,400,000 | 거래대금(24H) | 259,768,105,429 KRW |

도구 ∨

KST ∨ 30분 ∨ 캔들 ∨ 지표 ∨ 테마 ∨ 설정 초기화

일시: 02/17 17:00 (KST 기준) 시가: 11,951,000 고가: 12,030,000 저가: 11,915,000 종가: 12,028,000 거래량: 633.007

BTC/KRW

거래량 사진

스토캐스틱 모멘텀 지표(STCH MTM Index, Stochastic momentum Index)

주어진 기간 중 움직인 가격 범위에서 당일 종가가 상대적으로 어디에 위치하는지 알려주는 지표인 스토캐스틱스를 보완해 최고가와 최저가의 중간값과 종가의 위치를 비교해 현재 시장가격이 상대적으로 어디에 있는지 알려주는 지표

- +40 과매수, −40 과매도 판단
- 골든크로스: 빨간 선(% D 선 :장기 이동평균선)이 하얀 선(% K 선 :단기 이동평균선)보다 아래로 진행

SMI 골든크로스 데드크로스 사진

- 데드크로스: 빨간 선(% D 선 :장기 이동평균선)이 하얀 선(% K 선 :단기 이
  동평균선)보다 위로 진행

CCI 사진

CCI(Commodity Channel Index)

당일 평균주가와 이동평균 주가가 떨어져 있는 정도를 나타내는 지표

- +100 과매수, −100 과매도 판단

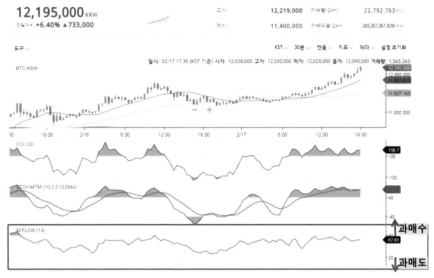

비트코인 BTC/KRW ▼

12,195,000 KRW
전일대비 +6.40% ▲733,000

고가　12,219,000　거래량(24H)　22,792.763 BTC
저가　11,400,000　거래대금(24H)　265,357,361,929 KRW

도구 ∨

KST ∨　30분 ∨　캔들 ∨　지표 ∨　테마 ∨　설정 초기화

MFI 사진

MFI(Money Flow Index)

자금이 얼마나 유출되고 유입되는지와 같은 힘의 강도를 측정하는 모멘텀 지표로 가격과 거래량을 포함해 나타내는 지표

• 80 과매수, 20 과매도 판단

각종 가상화폐 차트 사이트 보조지표 설정 방법

업비트 차트 보조지표 설정 방법

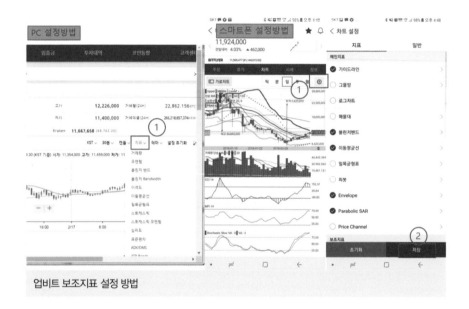

업비트 보조지표 설정 방법

코인원 차트 보조지표 설정 방법

코인원 보조지표 설정 방법

크립토워치 차트 보조지표 설정 방법

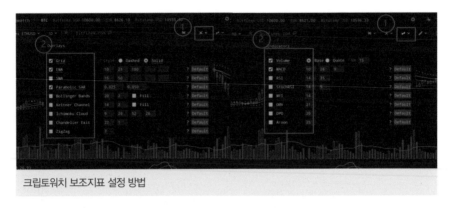

크립토워치 보조지표 설정 방법

트레이딩뷰 보조지표 설정 방법

트레이딩뷰 보조지표 설정 방법

매수/매도 포인트

캔들과 각종 보조지표를 통해 우리가 알아야 할 것은 어느 타이밍에 매수해야 할지, 언제 매도해야 할지 판단하는 일이다. 차트만 가지고 절대적인 포인트를 잡을 순 없지만 매수를 고려해야 할 포인트, 매도를 고려해야 할 포인트를 구분하는 기준을 몇 가지 소개하려 한다.

차트를 분석할 때 아래의 포인트를 복합적으로 고려해 매매할 수 있도록 하자.

매수 고려 포인트

1) 저항선 상향 돌파 시

2) 지지선 지지 확인 시

3) 하락 추세선 상향 돌파 시

4) 과매도 지표 두 개 이상 확인 구간

5) 스토캐스틱 모멘텀 골든크로스

6) 강한 양봉이 기존보다 압도적인 거래량으로 생성된 후 조정으로 지지선 형성 시 지지선에서 매수

매도 고려 포인트

1) 지지선 하향 돌파 시

2) 저항선 저항 확인 시

3) 상승 추세선 하향 돌파 시

4) 과매수 지표 두 개 이상 확인 구간

5) 스토캐스틱 모멘텀 데드크로스

6) 강한 음봉이 기존보다 압도적인 거래량으로 생성된 후 반등해 저항선 형성 시 저항선에서 매도

추가로 말하자면 손실을 최소화하는 중요한 원칙은 자신만의 손절매 선을 정해두는 것이다. 여러 번 수익을 잘 내다가도 한번 크게 손실을 보면 그동안의 수익이 물거품이 되는 것을 경험해 본 사람도 있고 주변에서 지켜본 사람도 있을 것이다. 그렇기에 손실을 최소화할 수 있으면서 스스로 허용할 수 있는 선에서 손절매를 제때 하는 것이 중요하다.

또한 보조지표는 대응하기 위한 수단으로 차트는 후행성이 있기 때문에 시장상황이 차트보다 우선하는 경우가 대부분인 점을 기억하여 차트 상 올라야 하는데 오르지 않는다면 내가 모르는 이유가 있는 것이 아닌지 비판적인 시각으로 사고할 수 있어야 한다.

스토캐스틱 모멘텀 지표를 활용한 매수, 매도 포인트 실전 예제

매수 포인트 예제 1

아래 사진은 코인원 거래소의 아이오타 코인의 15분 봉차트다. 아래 차트의 순간은 매수 타이밍일까, 좀 더 지켜봐야 할까? 매수 타이밍이라면 무엇 때문일까?(조건 : 특별한 호재나 악재는 없는 상황)

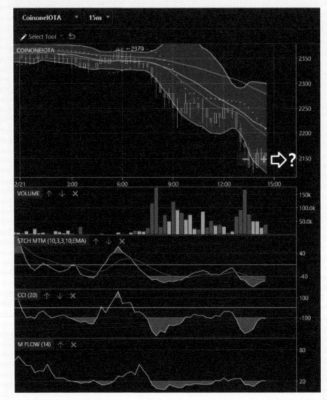

아이오타 15분 봉차트

해설: 하락 중인 코인을 매수하는 기준을 확인해야 한다. 먼저 하락하는 중에 지지선의 지지를 받는지와 반등의 기미가 있는지 확인한다. 현재 차트에 캔들이 표시된 선에서 지지를 아직 뚫고 내려가지 않고 있으며 반등 가능성을 보인다. 또한, 위에서 설명한 보조지표들(스토캐스틱 모멘텀, CCI, MFI) 모두 과매도 수치를 나타내고 있으며, 그중 스토캐스틱

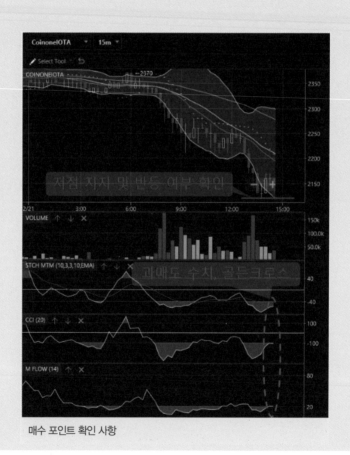

매수 포인트 확인 사항

모멘텀 지표는 빨간 선이 밑으로 교차해 내려가려는 골든크로스 직전에 임박해 있다. 이때 취해야 할 포지션으로는 지지선 근처에서 분할매수를 준비하며, 지지선이 뚫리면 손절매를 예상하는 것이다.

다음 차트는 문제의 상황에서 시간이 지난 뒤 스토캐스틱 모멘텀 골든크로스에서 매수하고 데드크로스에서 매도했을 경우의 결과다. 캔들에서 최고점에서 사고 최저점에서 팔아도 그림과 같은 수익을 얻을 수 있다.

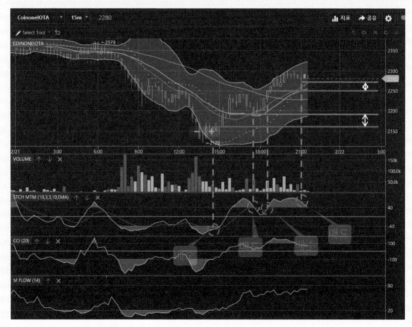

코인원 아이오타 매수 결과

매수 포인트 예제 2

아래 사진은 코인원 거래소의 비트코인 15분 봉차트다. 아래의 경우 취

해야 할 포지션을 생각해 보자.

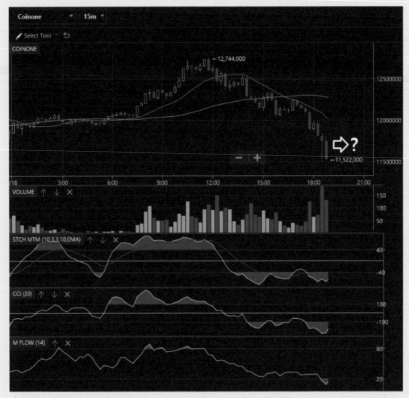

코인원 비트코인 15분 봉차트

해설: 단기 트레이딩에 좋은 조건은 위나 아래로 움직임의 폭이 큰 것이다. 깊게 하락할수록 반등이 강하게 오기 때문이다. 문제의 상황에는 급격한 하락이 있음을 보여 주는 장대음봉이 나타나 있다. 보조지표 또한 과매도 수치가 전 수치에 비교해 크다. 1번 예제와 마찬가지로 저점에서 지지되는지 확인할 필요가 있다. 이런 경우 좀 더 보수적으로 접근하리

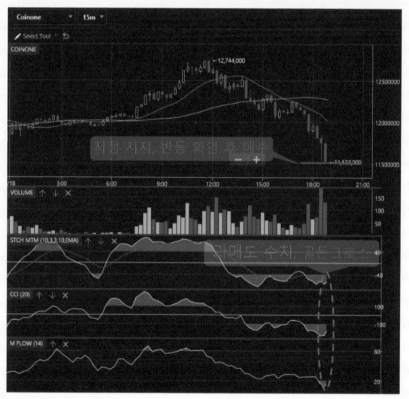

매수 포인트 확인 사항

면 1분 봉, 5분 봉을 참고하는 게 좋다. 지지가 확인되면 스토캐스틱 모멘텀 골든크로스를 확인하고 매수에 들어갈 수 있다.

결과는 다음 차트처럼 강한 반등이 온다. 데드크로스 타이밍에 매도했다면 수익을 낼 수 있었다.

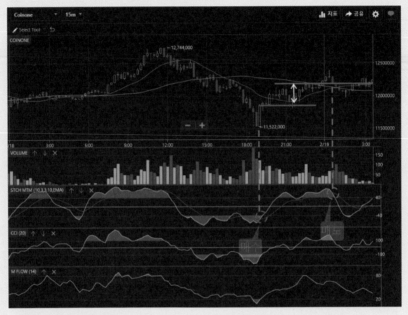

코인원 비트코인 매수 결과

두 가지의 매수 예제를 보았으니, 매도의 경우도 알아보자. 다음 차트를 보면 고점을 판단하는 기준이 있다. 매수 타이밍과는 반대로 상승 중에 몇 개의 캔들에 걸쳐 고점 저항을 확인했고, 보조지표에서 과매수 수치가 공통으로 나타나며 스토캐스틱 모멘텀은 데드크로스 시그널이 나온

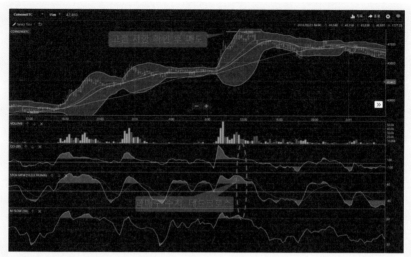

코인원 이더리움 클래식 매도 포인트

상황이다. 뒷부분 흐름을 보면 이해하겠지만 매도하기 적절한 타이밍으로 판단할 수 있다.

트레이딩에 절대적인 것은 없다. 전략적인 투자를 하려면 최대한 많은 정보를 수집해서 매수·매도 포인트를 결정해야 한다.

예제에는 간단한 조건만 보여준 것인데, 잃지 않는 투자를 하려면 보수적으로 접근해 다양한 시간 단위 차트와 해외 거래소 비트코인 시세를 비교·확인하는 습관을 지녀야 한다.

골든크로스만 따라가면 된다며?

요즘 핫하다는 코인 시장에 남들 말만 듣고 뛰어들어서 묻지 마 투자로 큰 손실을 보았다. 그 후 손실을 메우고자 카톡방에서 흘러 다니는 정보도 수집하고 차트 시그널도 알아보았다. 카톡 정보로 매수한 코인은 내가 사면 이미 고점이었다. 그러다 알게 된 얕은 지식으로 차트를 통한 골든크로스, 데드크로스 매매를 시도해 보았다. 주식시장에서 알려진 RSI 지표와 MACD를 이용했다. 정확히 차트의 원리는 알지 못했다. 그저 MACD 골든크로스에 매수하고 데드크로스에 매도했다. 이상하다. 분명 카톡방에 있는 전문가 같은 사람이 이렇게 하면 된다고 했는데 손실이 더 늘어만 간다. 도대체 어떻게 된 걸까?

MACD 골든크로스

132p 얘기를 보며 혹시 공감 가는 부분이 있지는 않은가? 골든크로스는 차트에서 상승 추세로 전환한다는 신호다. 그래서 주식시장에서는 대표적으로 이동평균선, MACD 지표의 골든크로스를 활용할 수 있다. 하지만 그대로 코인 시장에 적용하면 뭔가 맞지 않는 것 같은 느낌이 든다. 그 이유는 코인 시장의 특징 때문이다. 앞에서 말했듯이 코인 시장은 사이클이 아주 짧고 시장 변동성이 크다. 시장 상황에 맞게 반응이 빠른 지표를 활용해야 하는데 MACD 지표는 코인 시장에 적용하기엔 반응이 느리다. 그래서 이 책에서는 스토캐스틱 모멘텀을 이용한 골든크로스, 데드크로스 매매를 소개했다.

스토캐스틱 모멘텀 골든크로스

• 3 •

코인은 어떻게 사야 하지? _
실제 코인 매매하기

이제부터는 실제로 코인을 매수·매도하는 법을 하나씩 차근차근 진행하며 알아보려 한다. 쉽게 설명하고자 고팍스 거래소를 이용한다. 그 외의 다른 거래소도 매매 방법은 대동소이하므로 설명하는 대로 잘 따라오길 바란다.

KRW(원화) 입금하기

2장에서 설명한 것과 같이 고팍스 거래소는 계좌 연동이 가능하다. 실습을 위해 발급받은 가상 계좌를 통해 5,000원을 입금했다.

고팍스 거래소 원화 잔고 확인

매수 가격, 코인 개수 입력하고 매수 대기, 호가창 확인

현재는 매수 타이밍과 관계없이 매수하는 방법만 알려주려고 한다. 당시 리플(XRP)의 거래량이 가장 많아서 실습용 코인으로 리플을 선정했다.

상단 거래소 메뉴 클릭 후 왼쪽 메뉴 중 리플을 클릭하여 거래 창을 열었다. 가운데 부분에 거래에 참고할 차트가 있고, 오른쪽 부분에 호가창이라고 하는 표가 나타나 있다. 호가창에는 현재 리플을 매수하거나 매도하고자 하는 사람들이 지정한 지정가에 해당하는 수량이 얼마만큼인지 표시해주고 있다. 사진을 예로 들면 현재 리플을 184.7원에 매도하려는 수량이 695개가 있다. 반대로 183.6원에 매수하고자 하는 수량이 422개가 존재한다.

일단 코인을 매수하려면 주문하고자 하는 가격과 주문 수량이 있어야 한

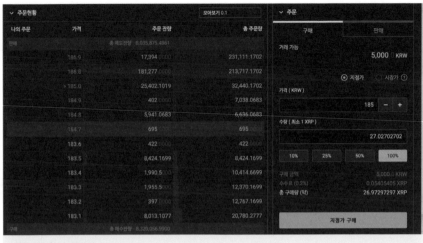

리플 구매하기 페이지

다. 185원에 매수 금액을 넣고 27.02개의 리플을 주문하고자 숫자를 넣으니
수수료를 제외하고 26.97개의 리플이 구매가능하다는 것을 확인할 수 있다.

확인하고 구매 주문 버튼을 누르고 거래가 체결되면 아래 거래 내역에 있
는 완료 주문에서 확인할 수 있다. 184.6원에 27.03개의 리플을 구매했다.

∨ 나의주문						
		미체결 주문			체결 완료 내역	
거래 자산	구분	주문 수량	주문 가격	총 체결 금액	수수료	시간
XRP/KRW	구매	27.08559046 XRP	184.6 KRW	4,999 KRW	0.05417119 XRP	2020-03-17 23:33:45

리플 구매 완료

코인 확인하기

조금 전에 리플을 매수했다. 현재 내가 가진 코인은 리플 27.03개가 있어야 한다. 이를 어디서 확인할 수 있을까? 거래소에서는 판매탭에서 간단하게 확인할 수 있으며, 자세하게는 상단 거래소 메뉴의 투자 내역이나 거래 기록에서 확인할 수 있다.

리플 판매

매도하기

이번엔 반대로 매도하기다. 매수할 때와 같은 리플 거래 페이지에 접속한다. 접속 후 상단 판매 버튼을 클릭한다. 매도 또한 매도하고자 하는 가격과 수량이 있어야 한다. 적절한 가격과 수량을 입력하면 수수료를 제외하고 판매하는 금액이 총 판매 부분에 나타난다. 183원에 27.03개를 매도해 보았다.

거래 자산	구분	주문 수량	주문 가격	총 체결 금액	수수료	시간
XRP/KRW	판매	27.03141927 XRP	183.3 KRW	4,946 KRW	9 KRW	2020-03-17 23:38:14
XRP/KRW	구매	27.08559046 XRP	184.6 KRW	4,999 KRW	0.05417119 XRP	2020-03-17 23:33:45

리플 판매 확인

판매 주문을 하고 거래가 체결되면 마찬가지로 거래 내역에 있는 완료 주문에서 확인할 수 있다.

아프니까 코인이다 **조금 더…… 욕심에 샀다가 물렸다**

2017년 10월 16일 이더리움은 '비잔티움 하드포크'에 성공하며 메트로폴리스에 진입했다. 이 이슈는 이미 이더리움 가격에 13일부터 선반영되기 시작해 35만 원대에서 40만 원에 살짝 못 미치는 가격까지 급속도로 상승했다. 메트로폴리스에 대한 기대감을 안고 38만~40만 원 사이의 가격대를 유지하고 있었다. 하지만 막상 15일 저녁이 되자 35만 원 선까지 급격하게 조정이 됐고, 분위기는 '역시 호재는 선반영이 대세다'라는 말이 돌며 던지는 사람이 나타나기 시작했다. 그런데 16일 하드포크 당일이 되자 가격이 상승하기 시작했다. 같은 하드포크라도 이더리움의 메트로폴리스 진입은 엄청난 이슈였기에 나는 더 상승 여력이 있다고 생각해 이더리움을 매수했다. 그렇게 오후 2시경 개발자들은 트위터로 메트로폴리스에 성공했다는 소식을 알렸다. '성공했으니 더 오르겠지'라는 생각으로 매수했는데 하락 추세로 고점이 낮아지기 시작했다. 욕심 때문에 잘못된 판단한 탓에 눈물을 머금고 손절매해야 했다.

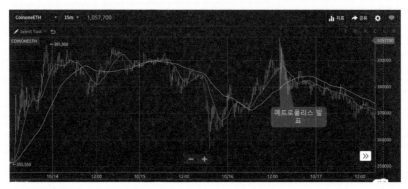

이더리움 차트

물어 보고 싶은데 찾기는 힘들었던_
해외 거래소 거래하기

가상화폐는 거래소마다 장단점이 있다. 그러므로 국내 거래소를 이용할 때가 좋을 때도 있고, 해외 거래소를 이용할 때가 좋을 때도 있다. 비트렉스는 비트 마켓에 수많은 알트코인이 있다는 장점이 있고, 비트파이넥스, 비트멕스 같은 경우에는 마진 거래가 가능하다(초보자에게는 절대 추천하지 않는다). 흔히 말하는 김치 프리미엄에 대한 이해도 돕고자 해외 거래소 중 비트렉스에 국내 거래소에서 코인을 전송해 매매하는 방법을 소개하려 한다.

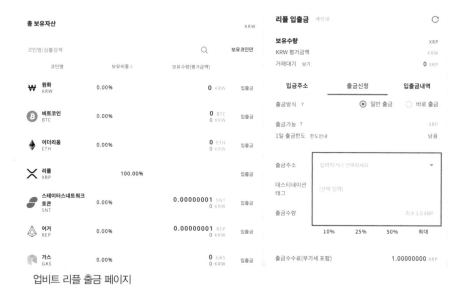

총 보유자산			KRW		리플 입출금	베인세	⟲
코인명/심플검색		🔍	보유코인만		보유수량		XRP
					KRW 평가금액		KRW
코인명	보유비중 ⬍	보유수량(평가금액)			거래대기 보기		0 XRP
원화 KRW	0.00%	0 KRW	입출금		입금주소	출금신청	입출금내역
비트코인 BTC	0.00%	0 BTC 0 KRW	입출금		출금방식 ?	● 일반 출금	○ 바로 출금
이더리움 ETH	0.00%	0 ETH 0 KRW	입출금		출금가능 ?		XRP
리플 XRP	100.00%		입출금		1일 출금한도 한도안내		남음
스테이터스네트워크 **토큰** SNT	0.00%	0.00000001 SNT 0 KRW	입출금		출금주소	입력하거나 선택하세요	▼
어거 REP	0.00%	0.00000001 REP 0 KRW	입출금		데스티네이션 태그	(선택 입력)	
가스 GAS	0.00%	0 GAS 0 KRW	입출금		출금수량		최소 1.0 XRP
						10% 25% 50% 최대	
					출금수수료(부가세 포함)	1.00000000 XRP	

업비트 리플 출금 페이지

해외 거래소로 전송하기

우리는 3.2에서 매수한 리플코인을 해외 거래소인 비트렉스에 보내고자 한다. 예시는 업비트 거래소로 활용하는데 고팍스, 빗썸 등 모든 거래소의 출금 과정은 동일하다. ①입금하려는 거래소(비트렉스)의 입금 주소지 생성 ②출금하려는 거래소에 입금 주소지와 수량 적기. ③출금 및 본인인증(OTP, 비밀번호, 카카오페이 등) ④입금하려는 거래소에서 확인 과정을 거치면 된다. 업비트 거래소의 상단 지갑관리 메뉴에서 리플 출금 메뉴로 접속한다. 그림에서 보는 것과 같이 리플을 출금하는 데에는 리플 출금 주소(지갑, 데스티네이션 태그), 출금 신청 금액, OTP 코드, 보안 비밀번호가 필요하다.

비트렉스 지갑 주소를 확인하려고 비트렉스에 로그인하여 지갑에 접속하였다. Holdings(보유코인)에서 XRP(리플)를 찾아서 클릭하면 deposit(입금)과 withdraw(출금)가 보인다. 여기서 deposit을 클릭하자. 주소와 데스티네이션 태그를 입력해야 한다는 경고문구를 확인하자. 다음으로 넘어가면 tag(데스티네이션 태그), wallet address(지갑주소)를 확인할 수 있다. 직접 적다가 실수할 수 있으므로 옆의 문서버튼(복사버튼)을 클릭해 입금 주소를 복사하자.

비트렉스 지갑페이지

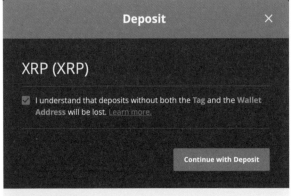

리플 지갑 경고문구

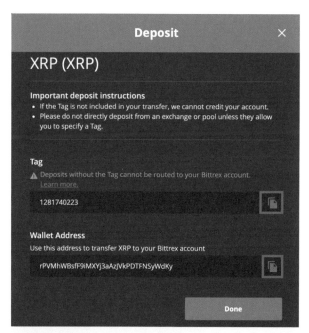

비트렉스 입금 주소

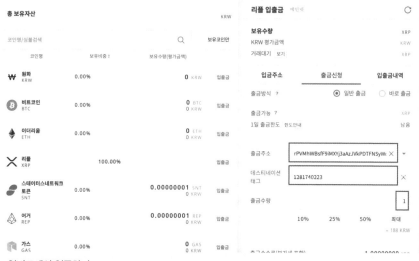

업비트에서 입금하기

비트렉스에서 지갑 주소를 복사한 후 다시 업비트 거래소로 돌아와서 지갑 주소와 데스티네이션 태그를 입력하고 보내려는 수량 1xrp를 입력해 보자.

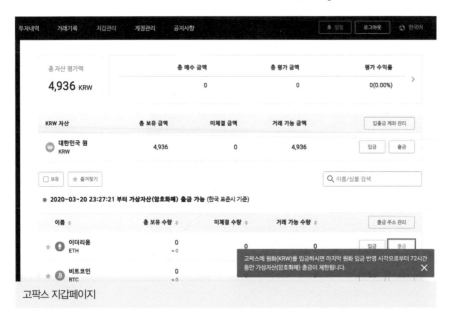

고팍스 지갑페이지

이러한 과정은 고팍스나 다른 거래소에서도 마찬가지다. 지갑에서 출금 버튼을 눌러 해외 거래소나 타 거래소로 전송할 수 있다. 다만 사진과 같이 고팍스에 가입하고 나서 바로 타 거래소로 출금은 불가능하고 원화를 입금한 후 일정 시간이 지나야 출금할 수 있다.

빈칸을 채우고 밑에 있는 리플 출금 요청 버튼을 클릭하면 전송에 필요한 준비를 마칠 수 있다. 출금 요청을 하면 거래소의 승인과 블록체인 시스템상의 확인 과정을 거치고 전송이 된다. 리플은 코인 특성상 전송 속도가 매우 빠르다.

출금	1.00000000 XRP	출금진행중
거래ID		2020.03.18 09:48

업비트 출금 요청

전송 상태는 입출금내역에 접속하면 확인이 가능하다. 출금 요청이 진행 중에서 시간이 지나면 완료로 바뀐다.

업비트 출금요청 완료

여기서 중요한 것은 입출금을 하다 주소나 태그를 잘못 입력한 경우나 정확히 입출금을 했는데 거래소에 반영이 되지 않는 경우에 사진과 같은 거래 ID와 시간이 필요하다는 것이다. 입금하려는 거래소와 출금한 거래소에 문의할 때 거래 ID와 거래 시간을 캡처해서 보내야 하기 때문이다.

비트렉스 입금 완료

이제 다시 비트렉스 거래소로 이동하여 지갑에 리플이 들어왔는지 확인하자. 사진에서 보이는 것처럼 한 개의 리플이 입금되었다. 추후 다시 가상화폐를 출금할 때는 withdraw 버튼을 클릭하여 출금을 진행한다. 다시 업비트로 보내려면 업비트에서 입금 주소를 만들어 비트렉스의 출금페이지에 입력해야 한다.

전송한 코인 테더화하기

비트렉스 상단 메뉴 중(Markets) 테더(USD) 마켓에서 리플(XRP)을 클릭해 거래창으로 이동한다. 여기서 Markets의 코인이나 화폐는 기축 통화를 의미한다. USD 마켓은 테더가 기축 통화다. 가상화폐의 가치는 테더의 가치로 표현된다. BTC 마켓은 비트코인이 기축 통화다. 가상화폐의 가치는 0.0004btc처럼 비트코인을 기준으로 표현된다.

비트렉스 테더 마켓 리플 매매창

리플을 매도해서 테더코인(원화 같은 역할)으로 바꾸려 하므로 오른쪽 SELL
에서 원하는 수량과 달러 가격을 입력하고 SELL 버튼을 누르면 마지막 확인
메시지가 나온다. 확인 후 거래가 체결되면 테더코인이 들어와 있음을 확인
할 수 있다.

비트렉스 리플 매도

매도버튼은 스크롤을 내리면 찾을 수 있다.

Confirm Sell

Please verify this order before confirming. All transactions are final and are governed by our Terms of Service and local disclosures.

Quantity	11.00000000 XRP
Commission	0.00080179 USD
Total	1.60277821 USD
	(approx. 0.00029723 BTC)

☑ Clear form after submit   Good til cancelled

Go back	Confirm sell order

비트렉스 리플 매도

USD-XRP sell order filled
11 of 11 XRP filled at an average of 0.14798 USD

1.532.1491   10.403.67441687

Your sell order of 11 XRP has been placed

비트렉스 리플 매도 체결 확인

Order books	Open orders	Closed orders	Wallets						
								Show other pairs Yes No	
Closed	Market	Side	Actual price		Quantity	Total	Est. value	Type	Placed
2020/03/18	USD-XRP	Sold	$0.14798000		XRP 11.00000000	$1.62778000	BTC 0.00030152	Limit	2020/03/18

거래내역 확인창

사진에서 order books는 호가창을 의미한다. 수량에 따라 시각적으로 그 래프로도 보여준다. open orders는 매수나 매도를 하려고 주문을 넣었는데 아직 체결되지 않은 주문을 말한다. close order는 체결이 끝난 주문이다. wallets는 보유 자산을 보여준다.

테더코인 비트화시켜 다른 코인 매수하기

이번에는 다시 테더를 비트코인으로 바꾸고 BTC 마켓에서 다른 코인을 매 수해 보고자 한다. 상단 메뉴 중 비트 마켓에서 BTC(비트코인)를 선택한다.

| USD-BTC | Bitcoin | 7656580.73 |

테더마켓에서 BTC 선택

비트코인의 가격과 수량을 적고 테더로 비트코인을 매수한다.

테더를 BTC로 매수

보유 비트코인 확인

　위 사진에서 보이는 것처럼 지갑에 가지고 있던 테더만큼 비트코인이 들어와 있다. 이제 이 비트코인을 이용해 에이다(ADA) 코인을 매수해 보자. 상단 BTC 마켓에서 ADA를 찾아서 거래 페이지로 들어간다.

BTC MARKETS   Total Volume = 1380.236

MARKET	CURRENCY	VOLUME ↓	% CHANGE
BTC-ETH	Ethereum	178.51	-1.3 ↓
BTC-XRP	XRP	125.81	-2.4 ↓
BTC-TUSD	TrueUSD	100.78	-4.9 ↓
BTC-WAXP	WAXP	81.63	29.5 ↑
BTC-BSV	Bitcoin SV	66.51	0.6 ↑
BTC-CTC*	Creditcoin	50.60	7.9 ↑
BTC-ADA	Cardano	44.22	-0.2 ↓

Go to BTC-ADA (Cardano)

BTC 마켓 에이다

에이다를 매수하기를 원하는 사토시 가격과 수량을 왼쪽 BUY ADA에 입력하고 확인하면 에이다를 매수할 수 있고, 지갑에서 확인할 수 있다.

나는 0.00000487사토시(가격)에 202.32에이다를 매수 신청했다.

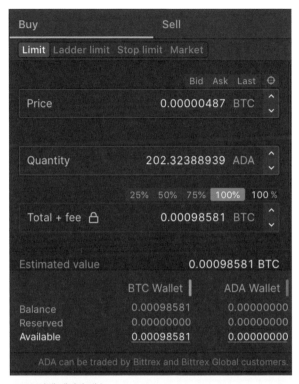

BTC 마켓 에이다 매수

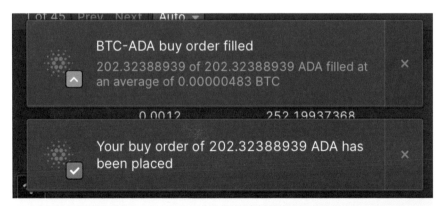

BTC 마켓 에이다 매수체결

지금까지 해외 거래소에서 거래를 해보았다. 한글 페이지가 아닌 영어 페이지라 접근하기 어려울 뿐이지 기본적인 매매 방법은 국내 거래소와 크게 다르지 않다.

위에서 사토시 가격과 코인의 원화 가격의 관계에 관해 설명했다. 이를 활용해 취급하는 코인 종류가 많은 비트렉스 거래소를 활용하면 비트코인 개수 늘리기나 펌핑 알트코인 찾기가 수월할 것이다. 비트코인, 테더, 알트코인을 적절히 사고팔며 수익 극대화를 할 수 있다.

책에서는 비트렉스로 설명했으나 바이낸스, 쿠코인 등 대부분의 타 해외 거래소들도 같은 용어를 사용한다. 따라서 비트렉스 거래소를 이용할 수 있으면 다른 거래소는 더 쉽게 이용할 수 있다.

· 5 ·

해킹으로부터 개인 지갑을
안전하게 !

지갑이 왜 필요하지?

지갑은 돈과 카드를 넣을 수 있는 물건이다. 코인의 세계에서도 비슷하게 생각할 수 있다.

개인 지갑은 거래소에서 매수한 코인을 개인적으로 보관하는 방법이다. 개인 지갑을 활용하면 거래소에서 해킹당해 코인이 없어지는 피해를 예방할 수 있다.

코인 개인 지갑이란 간단히 설명하자면 코인을 넣어 보관하는 곳인데, 지갑에는 은행 계좌와 같은 지갑 주소가 있다. 이 지갑 주소는 개인 키(Private Key)와 공개 키(Public Key)로 생성한다. 개인 키는 금고를 여는 열쇠 역할을

한 투자자 지갑 주소

하므로 본인 외에는 절대 공개되면 안 된다. 반면에 공개 키는 개인 키로부터 나오고, 공개 키를 활용하여 지갑 주소를 생성한다.

이 주소를 오픈해 거래에 사용하는 것이다. 예를 들어, 모 TV 프로그램에 출현한 비트코인 초기 투자자가 인터뷰 중에 공개한 주소가 공개 키이다.

개인 지갑은 블록체인 기술을 활용해 만들어지기 때문에 개인 키만 유출되지 않는다면 해킹당할 위험이 그리 크지 않다. 그러므로 개인 키 관리에 주의해야 한다.

어떤 지갑을 고를까?

개인 지갑은 크게 핫월렛(hot wallet)과 콜드월렛(cold wallet)으로 나뉜다. 두 지갑의 가장 큰 차이는 인터넷과 연결돼 있느냐 여부이다. 인터넷과 연결된 핫월렛은 거래를 쉽게 할 수 있다는 장점이 있으나 인터넷을 통해 자신의 PC로 들어오는 해킹에 취약하다. 반면 콜드월렛은 인터넷에서 독립돼 있으므로 거래는 불편하지만 해킹에서 완전히 벗어난다.

한편, 지갑은 단순히 금고처럼 보관 목적으로만 사용되는 것은 아니다. 지갑은 개인별로 다르게 부여되는 것이기 때문에 ICO나 코인 전송 등의 이벤트에 참여할 때 개인을 식별하는 용도로 사용된다. 수많은 지갑 중 주로 사용되는 것은 이더리움, 퀀텀, 네오, 라이트코인 등 플랫폼 기반의 코인 지갑이다. 왜냐하면, 이 플랫폼을 이용한 토큰이 활발히 개발되므로 이 지갑을 가지고 있어야 관련 ICO에 참여하는 것이 상대적으로 간단하기 때문이다.

마이 이더 월렛 생성 1

마이 이더 월렛 생성 2

거래소 지갑은 에어드랍을 받을 수 없어?

코인 시장은 아직도 성장 중이며, 가상화폐 및 블록체인은 두말할 것도 없다. 그러므로 수많은 코인이 새로 만들어지고 사라지기도 한다. 새로 만들어지는 코인 중에는 에어드랍으로 지급해주는 것들이 있다. 에어드랍이란 기존에 어떤 코인을 소유하고 있으면 일정 비율로 해당 코인을 지급해주는 것이다. 예를 들어, 비트코인 하드포크로 생겨난 비트코인 캐시와 비트코인 골드는 일정 블록이 생성되는 시점에 비트코인을 소유하고 있으면 1대 1 비율로 비트코인 캐시와 골드를 지급했다. 하지만 일부 에어드랍은 거래소 내부에서 소유한 코인은 제외하고 개인 지갑에 있는 코인에만 지급했다. 그러므로 에어드랍 소식이 있을 때는 개인 지갑으로 코인을 전송해 두고 안전하게 받는 것이 좋다.

가상화폐 지갑이란 무엇인가?

대부분의 한국 투자자들이 가상화폐 자산을 거래소에 보관하고 있는데, 필자는 가상화폐에 투자하는 지인들에게 개인 가상화폐 지갑을 사용하라고 추천한다.

가상화폐 지갑은 은행 계좌와 달리 익명성이라는 특징에 맞게 지갑 주소에 소유자의 이름이 없어 지갑 주소만으로는 소유권을 증명할 수 없다. 때문에 가상화폐 지갑은 하나의 주소 당 하나의 고유한 비밀 키(Private Key, 또는 Mnemonic)가 연동되어 있고, 이 비밀 키를 통해서만 지갑에 접근할 수 있다. 이 비밀 키를 소유하는 것이 지갑의 모든 통제권을 갖는 것이다. 그렇다면 왜 가상화폐 자산을 거래소에 보관하는 것이 좋지 않은 것일까?

가상화폐 거래소는 비밀 키를 고객에게 알려주지 않고, 거래소 자체에서 비밀 키를 관리한다.

거래소 입금 페이지에서 보이는 개개인의 입금 지갑 주소는 고객 개개인의 구분을 위해 존재하며, 해당 주소로 입금된 가상화폐 자산은 다시 거래소에서 통합으로 관리하는 지갑 주소로 이체된다. 이런 이유로 거래소에 가상화폐 자산을 보관하는 것은 내 가상화폐 자산의 모든 통제권을 거래소에 맡기는 것을 의미한다.

내 소중한 자산의 통제권을 내가 갖는 것이 아니라, 거래소가 갖는다면 나의 과실과 무관하게 불가항력적인 피해를 입을 수도 있다.

2014년 2월, '마운트곡스'라는 당시 세계 최대 가상화폐 거래소가 해킹당했다. 당시 해킹으로 85만 개의 비트코인이 도난당했으며, 이로 인해 사이트가 폐쇄되고, 회사는 파산을 선언했으며, CEO 마크 카펠레스는 체포되었다. 실제 해킹인지, 내부자 소행인지 정확하게 밝혀지지 않았다. 7년이 지난 현재까지 아직 보상에 대한 논의조차 결정되지 않았다.

마운트곡스뿐만 아니라 수많은 거래소가 해킹 등의 거래소 문제로 인해 사용자의 자산을 분실했으며, 이에 대해 제대로 보상이 지급된 경우는 매우 드물었다.

이러한 리스크를 피하기 위해서는 신뢰할 수 있는 대형 거래소를 이용해야 한다. 하지만 마운트곡스 사태를 보면, 당시 최대 가상화폐 거래소였던 마운트곡스조차 피해가 발생했으니 되도록 개인 가상화폐 지갑을 사용하고, 내 소중한 자산의 통제권은 내가 갖고 관리하는 것을 추천한다.

어떤 가상화폐 지갑을 사용해야 할까?

시중에 많은 가상화폐 지갑들이 있는데, 어떤 가상화폐 지갑을 이용하는 것이 좋을까?

① 비밀 키를 제공하는 지갑을 이용하라.

비밀 키는 가상화폐 지갑 주소의 통제권과 같다. 사용자에게 비밀 키를 제공하지 않는 지갑은 이용하는 의미가 없다.

일론 머스크 테슬라 CEO 또한 자신의 트위터에 특정 지갑 서비스를 가리키며 '비밀 키를 제공하지 않는 가상화폐 지갑 서비스는 무조건 피하라'고 언급한 바 있다.

② 멀티-체인 지갑을 이용하라.

이더리움 – 메타마스크, 이오스 – 스캐터 등과 같이, 특정 체인에서 가장 유명한 지갑들이 있다. 한 가지 가상화폐 자산만 보유하면 상관없지만 여러 가상화폐 자산에 투자하고 있다면 다양한 체인을 지원하는 멀티-체인 지갑을 사용하는 것이 관리하기가 편리하다.

③ DAPP(탈중앙화 애플리케이션)을 지원하는 지갑을 이용하라.

2017년까지만 해도 가상화폐는 단순히 가치 저장 수단에 불과했지만, 2018년부터는 블록체인 게임 등과 같은 가상화폐를 이용하는 애플리케이션, DAPP(탈중앙화 애플리케이션)이 많이 개발되었다.

블록체인 게임을 포함해 최근 핫한 디파이(DeFi), 탈중앙화 거래소(DEX) 등이 DAPP에 해당하는데, '컴파운드(COMPOUND)' 등과 같은 디파이 DAPP을 이용해 보유한 가상화폐 자산을 스테이킹(예치)하고 이자를 받을 수도 있고, '유니스왑(UNISWAP)' 등과 같은 탈중앙화 거래소 DAPP을 이용해 유동성 채굴을 하고, UNI와 같은 채굴 코인을 얻을 수도 있다.

단순히 가상화폐 자산을 보관만 하는 가상화폐 지갑보다 탈중앙화 애플리케이션을 지원하는 가상화폐 지갑을 이용해 다양한 경험을 해보는 것을 추천한다.

필자는 '매스월렛(Math Wallet, (https://mathwallet.org/)'이라는 가상화폐 지갑을 애용하고 있다. '바이낸스랩스(Binance Labs)'와 '펜부시 캐피탈(Fenbushi Capital)' 등으로부터 투자를 유치한 매스월렛은 편리한 UI와 함께 65개 이상의 주류 체인을 지원하는 멀티-체인 지갑으로, 브라우저 방식으로 모든 DAPP의 접속과 iOS, 안드로이드 모바일 버전과 구글 크롬 브라우저 확장 프로그램을 통한 PC 버전도 지원하고 있다.

가상화폐 지갑을 설치하고 비밀 키를 백업하자

앞서 얘기한 매스월렛을 이용해 이더리움 지갑을 생성하고 비밀 키를 백업하는 과정까지 알아보자.

먼저, 모바일 환경에서 매스월렛 공식 홈페이지를 열어준다.

매스월렛 공식 홈페이지: https://mathwallet.org/

휴대전화 기종에 맞게 iPhone App 또는 Andoid App을 누른 후 안내에 따라 설치하고, 설치가 완료되면, 설치된 매스월렛 애플리케이션을 연다.

다양한 체인이 보이는데, 우리가 만들려는 'Ethereum'을 누른다.

상단에 있는 '지갑 만들기'를 통해 새로운 지갑을 만들 수 있고, 하단에 있는 '기존 지갑 불러오기'를 통해 이후 휴대전화를 분실하거나 지갑 비밀번호를 분실했을 때, 뒤에서 백업할 비밀 키를 통해 다시 지갑을 불러올 수 있다.

먼저 '지갑 만들기'를 눌러준다.

'지갑 명칭'은 내가 구분할 수 있도록 지갑에 별명을 붙이는 것이다. 이더리움 지갑 주소를 여러 개 보유할 경우, 주소별로 구분이 어려울 수 있기 때문에 원하는 별명을 붙이자.

지갑 명칭을 설정했다면, '지갑 비밀번호'를 설정해 보자. 여기서 설정한 비밀번호는 가상화폐 자산 출금 또는 DAPP 이용할 때 필요하다. 분실할 경우 비밀 키를 이용해 지갑을 새로 불러와야 하므로 분실하지 않도록 주의하자.

대소문자, 숫자를 포함한 8자 이상의 비밀번호를 입력하고, '서비스 및 프라이버시 조항'에 동의한 후, 하단에 있는 '지갑 만들기' 버튼을 누른다.

12개의 영문 단어가 나열된 페이지로 넘어간다. 이 영문 단어 배열이 니모닉(Mnemonic)이라고 하는 비밀 키이다. 이 비밀 키만 있으면 누구에게나 이 지갑 주소의 통제권이 생기므로 절대로 타인에게 노출해서는 안 된다. 혹시라도 휴대전화를 분실하거나 지갑 비밀번호를 분실할 경우 지갑을 새로 불러올 때 사용되므로 잘 보관해야 한다. 컴퓨터나 휴대전화 메모장에 보관하면 해킹에 노출될 수 있으므로, 종이에 수기로 적어서 안전한 곳에 보관할 것을 추천한다.

비밀 키를 잘 백업했다면, 하단에 있는 버튼을 누르고 다음 단계로 넘어간다.

앞서 백업한 12개의 영어 단어가 무작위로 나열되어 있는데, 이를 앞서 백업한 배열대로 눌러 나열하고 하단의 버튼을 눌러준다.

이 과정까지 잘 따라 왔다면 지갑 생성 완료다.

이제 우측 상단에 있는 버튼을 눌러 보자.

'지갑 전환' 페이지에서 현재 갖고 있는 지갑 주소를 확인할 수 있다.

우측 상단에 있는 '+' 버튼을 눌러 새로운 이더리움 지갑을 만들거나 기존 지갑을 불러올 수 있고, 좌측에 있는 다양한 체인의 아이콘을 눌러 다른 체인의 지갑을 만들거나 기존 지갑을 불러올 수 있다.

백업한 비밀 키를 분실했을 때 어떻게 해야 할까?

지갑 화면에서 좌측 상단에 있는 지갑 명칭 부분을 누른다.

하단에 'Keystore 백업', 'Private Key 백업', 'mnimonic 백업'이 있는데, 이 3가지 모두 비밀 키의 종류로, 앞서 백업한 12개 영어 단어 배열이 mnemonic(니모닉)이며, 필자는 니모닉 백업 방식을 추천한다.

'mnemonic 백업'을 누르고, 지갑 비밀번호를 입력한다.

그러면 앞서 백업했던 니모닉을 확인할 수 있다.

비밀 키를 분실했더라도 휴대전화에 지갑 애플리케이션이 있고, 지갑 비밀번호를 기억한다면 언제든지 비밀 키를 다시 확인할 수 있다. 하지만 비밀 키를 분실한 상태에서 휴대전화도 분실하거나 지갑 애플리케이션 데이터가 삭제되거나 지갑 비밀번호를 분실한다면, 지갑을 복구할 수 없기 때문에 비밀 키는 잘 보관하도록 하자.

비밀 키는 잘 보관하고 있는데, 휴대폰을 분실하거나, 지갑 비밀번호를 분실한다면 어떻게 해야 할까.

휴대전화를 분실했을 때, 새로운 휴대전화에서 다시 지갑 애플리케이션을 설치한 후, '지갑 만들기'가 아닌 '기존 지갑 불러오기'를 통해 백업한 비밀 키를 입력해 지갑을 다시 불러올 수 있다.

지갑 비밀번호를 분실했을 때에는 '지갑 전환' 페이지에서 비밀번호를 분실한 지갑을 삭제한 후, '기존 지갑 불러오기'를 통해 백업한 비밀 키를 입력해 지갑을 다시 불러오면서 새로운 비밀번호를 설정할 수 있다.

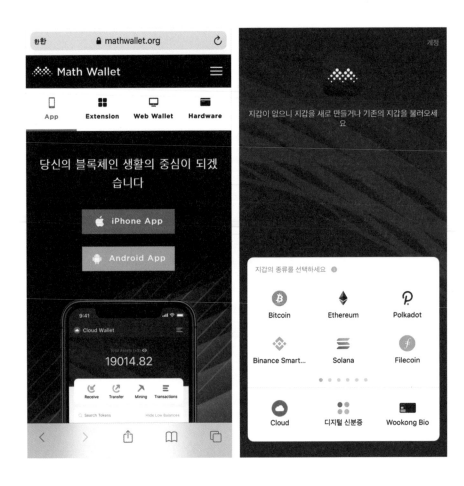

Ethereum

+ 지갑 만들기

→ 기존 지갑 불러오기

● SNS계정으로 지갑 생성/불러오기

+ 기타

지갑 만들기

지갑 명칭

지갑 명칭 설정

지갑 비밀번호

최소 8자 이상으로 설정해주세요 (대,소문자 및 숫자 포함)

- 최소 1자 이상의 소문자가 포함되어야 합니다.
- 최소 1자 이상의 대문자가 포함되어야 합니다.
- 최소 8자 이상이어야 합니다.
- 최소 1자 이상의 숫자가 포함되어야 합니다.

지갑 비밀번호를 다시 입력해주세요

지갑 비밀번호를 다시 입력해주세요

자세히 읽고 동의합니다(서비스 및 개인정보 조항)

다음은 지갑의 mnemonic 파일입니다. 복사 후 안전한 곳에 보관하십시오. 분실 시 지갑을 복구할 수 없습니다

tooth	inherit	someone	what	print
find	raise	demise	quality	outdoor
merry	quit

⟳ Chinese

mnemonic write down

Mnemonic가 정확한지 여부를 확인하기 위해 순서대로 클릭해주세요. 분실 시 지갑을 복구할 수 없습니다

raise	someone	demise	inherit	merry
quality	quit	outdoor	tooth	what
print	find

mnemonic 백업 완료

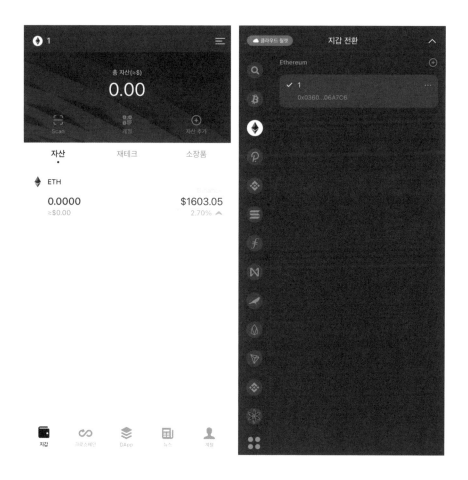

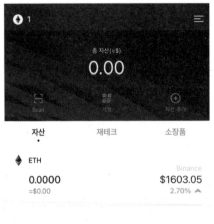

지갑 주소	0x036047Ef7B7F4B797326528176a424 Fe3606A7C6
지갑 명칭	1 >
지갑 비밀번호	>
비밀번호 면제 지불	미활성화 >
Keystore 백업	>
private key 백업	>
mnemonic 백업	>

지갑 삭제

지갑   크로스체인   DApp   뉴스   계정

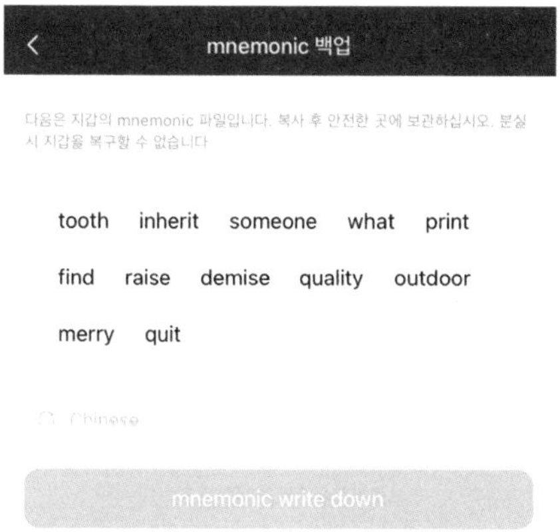
mnemonic 백업
다음은 지갑의 mnemonic 파일입니다. 복사 후 안전한 곳에 보관하십시오. 분실 시 지갑을 복구할 수 없습니다
tooth inherit someone what print
find raise demise quality outdoor
merry quit
Chinese
mnemonic write down

매매 시 지정가, 시장가, 손절매

빗썸 시장가 예약주문

지정가란 내가 원하는 가격에 걸어둔 주문이 체결되었을 때의 가격이다. 시장가란 현재 거래가 진행되는 가격에 바로 사거나 팔 때의 가격을 의미한 다. 지정가로 거래는 자주 거래할 수 없을 때 미리 가격을 걸어 둘 수 있고,

대체로 거래소 수수료가 저렴한 것이 장점이다. 하지만 원하는 가격에 도달하지 않으면 제때 매매할 수 없다는 단점이 있다. 시장가로 거래하면 현재 매매되고 있는 가격으로 사고팔 수 있다. 거래 수수료가 비싼 것이 단점이나, 가격이 급하게 내리거나 오를 때 원하는 시점에 빠르게 매매할 수 있는 것이 장점이다.

손절매는 자신이 산 가격보다 가격이 내려갔을 때 손해를 더 입지 않고자 매도하는 것을 말한다. 손절매는 멘탈이 흔들리지 않는 범위에서 과감하게 할 줄 알아야 한다. 물론 내가 파는 가격이 누군가 사는 가격임을 명심하고 손절매해야 한다. 손절매는 반드시 반등이 올 때까지 기다렸다 하는 것이 좋다. 정신적인 충격을 받아 패닉셀을 하고 나면 여지없이 반등이 온다. 대 하락장에서도 반등이 동반되면서 떨어진다. 반등이 오는 순간에 손절매한다는 원칙을 지키는 것이 손해를 최소화하는 방법이다.

투자할 때 목표 수익이 뚜렷하지 않으면 최적의 수익을 얻기 어렵다. 가상화폐 시장은 시시각각 상황이 바뀌기 때문에 현재 자신이 보는 수익이 최대의 이익일 수 있다.

4장에서는 가상화폐를 거래하는 방법과 비트코인에 투자할 때 중요하게 생각해야 하는 것들에 대해 알아보자. 꼼꼼하게 준비해서 투자하는 사람만이 손실은 적게, 이익은 많이 낼 수 있을 것이다.

01001000100001

4장

흔들리지 마!_
내 돈 지키는
중심 잡기

100001

01001000100001

• 1 •

목적지 없는 배는 산으로 간다

가상화폐 매매 중에 더 중요한 것은 정확한 매도다. 아무리 좋은 가격에 매수했더라도 무작정 버티고 보는 투자법으로는 높은 수익률을 얻을 수 없다.

2017년 내내 200~400원을 맴돌던 리플코인은 2017년 말~2018년 초까지 가상화폐 시장 자체가 상승세였고 은행에서 거래 수단으로 사용하게 되었다는 호재까지 있어 4,800원까지 오르는 기염을 토했다. 한국인이 가장 사랑하는 코인 중 하나인 리플의 폭등에 '리플 1달러'를 외쳤던 투자자들은 열광했다. 그리고 그 상승세가 어디까지 이어질지 모두 궁금해했다. 2달러, 3달러를 넘어 4달러를 돌파하자 일부는 지나친 상승세에 매도하였고, 나머지는 이젠 리플이 10달러도 충분히 갈 수 있다고 기대했다. 하지만 이게 웬걸! 대한민

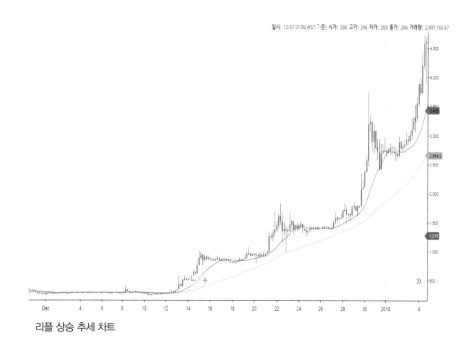

일시: 12/07 01:00 (KST 기준) 시가: 288 고가: 296 저가: 285 종가: 286 거래량: 2,997,165.67

리플 상승 추세 차트

국 정부 규제 등 악재와 함께 리플의 하락세가 시작되어 한 달도 지나지 않아 1,000원 밑으로 내려오기까지 하며 언제 올랐냐는 듯 상승세가 꺾였다.

리플을 중간에 수익화하지 않았거나 뒤늦게 추격 매수해 "가즈아!"를 외쳤던 투자자들은 눈물을 머금고 손절매하거나, 다시 올 상승세를 기대하며 눈물의 '존버'를 외칠 수밖에 없었다. 이처럼 투자를 할 때 목표 수익이 뚜렷하지 않으면 최적의 수익을 얻을 수 없다. 내 손에 들어온 현금만이 진정으로 자신의 이득이며, 팔지 않으면 아무런 의미가 없다. 가상화폐 시장은 시시각각 상황이 바뀌기 때문에 현재 자신이 보는 수익이 최대의 이익일 수 있다.

그러므로 목표 수익률에 맞춘 적절한 익절은 필수적으로 해야 하며 자신이
매도한 이후 올라간 가격을 후회할 필요 없다.

리플 급반등 하락 추세 차트

하락장에서의 리플 차트

• 2 •

나도 은행이 될 수 있다고요?_
렌딩거래(펀딩거래)

가상화폐를 거래할 때는 단순히 내가 직접 거래하는 방법만 있는 것이 아니다. 비트코인에 투자할 때 중요하게 봐야 할 것 중 하나가 비트코인의 가격이지만 비트코인의 개수를 늘리는 노력 또한 장기 투자자가 필수적으로 해야 할 일이다. 비트코인의 개수를 늘리는 방법은 두 가지가 있다. ① 알트코인/비트코인 거래로 늘리는 방법 ② 자신이 보유한 비트코인을 타인에게 빌려주어(lending) 그 이자를 받는 방법이 그것이다. 이번에는 리스크 없이 비트코인의 개수를 늘리는 방법인 렌딩(poloniex) 또는 펀딩(bitfinex)을 알아보도록 하겠다.

렌딩의 장점은 자신이 보유하고 있는 코인의 개수를 리스크 없이 늘릴 수 있다는 것이다. 그래서 자신의 코인을 빌려 간 타인의 손익과 상관없이 렌딩

한 투자자는 '렌딩한 코인+이자'분을 고정적으로 챙길 수 있다. 더군다나 이 이자는 복리로 이어지므로 장기 보유를 할 때 상당히 매력적인 투자 방법이 될 수 있다. 다만, 렌딩은 급변하는 시장에서 하락장이 오면 빠른 대처가 불가능하다는 단점이 있다. 렌딩 투자자가 대출하기 전에 결정해야 하는 것은 ① 이자율(rate) ② 코인의 양(amount) ③ 대출 기간(duration)이다. 대출 만료 기간 이전에는 코인을 되돌려 받을 수 없으므로 이 기간 내에 가격이 급락할 경우 대처가 불가능하다. 국내 거래소 중 코인원과 빗썸은 자체 렌딩 시스템을 도입해 서비스하고 있다. 코인원은 락업, 스테이킹 빗썸은 렌딩으로 거래소별로 렌딩 방식, 수수료 등의 차이를 보인다.

락업 (NEW)
Lock-up

암호화폐를 맡긴 기간만큼 이자 수익 또는 특별한 상품을 드립니다. 한정 수량이 소진되기 전에 참여 해보세요.

- **암호화폐 종류:** 게릴라 이벤트로 시기에 따라 상이
- **연 예상 수익률:** 프로젝트별 이율 상이 (상품을 지급하는 리워드도 있음)
- **리워드 지급:** 프로젝트 기간 종료 후

유의사항
- 진행되는 프로젝트 별로 시작 일시와 참여 기간이 상이합니다.
- 프로젝트 종료일 이전에는 중도 취소가 불가합니다.
- 락업 종료 후 참여한 암호화폐 락업은 해제되며, 리워드는 프로젝트 기간 종료 후 영업일 기준(주말/공휴일 제외) 2-3일 이내 지급됩니다.

데일리 스테이킹
Daily-staking

해당 암호화폐를 보유 하기만 해도 매일 매일 이자 수익이 자동 지급됩니다. 거래나 입출금도 언제든 가능합니다.

- **암호화폐 종류:** 코스모스 아톰(Atom)
- **연 예상 수익률:** 5.63%(12/11 기준) (프로젝트 별, 시기 별 이율 상이)
- **리워드 지급:** 매일

유의사항
- 데일리 스테이킹을 참여하는 방법은 간단합니다. 5초 만에 서비스 이용 동의 후 이용 바랍니다.
- 해당 암호화폐 보유 시점 기준 24시간이 지난 경우 참여할 수 있습니다.

스테이킹
Staking

코인원 노드를 통해 블록체인 스테이킹 시스템에 위임하여 높은 이자 수익을 받아 갈 수 있습니다.

- **암호화폐 종류:** 테조스(XTZ), 코스모스 아톰(Atom)
- **연 예상 수익률:** 5~20% (프로젝트 별, 시기 별 이율 상이)
- **리워드 지급:** XTZ는 스냅샷 후, Atom은 매일

유의사항
- 암호화폐 특징에 따라 참여 방법 및 리워드 주기가 다르니 꼭 참여하시는 암호화폐의 특징을 숙지해주시기 바랍니다.
- 위임 취소 시 코스모스(ATOM)의 경우 21일의 위임 취소 기간이 발생합니다.

코인원 락업, 스테이킹 서비스

182

비트코인, 이더리움을 빌려드립니다!

암호화폐 렌딩

하락장
수익이 되는 렌딩

원화를 담보로 암호화폐를 빌리세요!
시세가 높을 때 빌려서 매도한 후 하락장에 다시 매수하여 갚으면
차액만큼 수익이 됩니다!
(상환은 빌렸던 암호화폐 수량으로 진행됩니다.)

➕ 자세히 보기   ▦ 이용내역

서비스 신청

상승장
수익이 되는 렌딩

암호화폐를 담보로 원화를 빌리세요!
원화 환산 가치로 상환하기 때문에 시세가 상승하면 렌딩 자체가
수익이 됩니다!

➕ 자세히 보기

서비스 신청

빗썸 렌딩 서비스

▱ 수익이 되는 렌딩 이용 TIP

비쌀 때 빌려서, 쌀 때 갚으세요!

높은 가격에 빌려서 팔고, 낮은 가격에 사서 갚으면 차액만큼 수익이 됩니다.

빗썸 렌딩 서비스

비트파이넥스 렌딩거래

• 3 •
나에겐 기회, 당신에겐 도박!
마진 거래는 쳐다보지 말자

※ 국내 마진 거래는 법적으로 문제가 될 수 있습니다. 이 책의 내용은 정보 전달의 목적

　이므로, 마진 거래는 절대 추천하지 않습니다.

간단하게 설명하면, 마진 거래란 빌려서 거래하는 것이다. 마진 거래는 공

매수와 공매도로 나뉜다.

- 공매수(롱포지션): 거래소에서 돈을 빌려 코인을 매수하여 거래.

　코인 가격이 상승하면 수익이 남.

- 공매도(숏포지션): 거래소에서 코인을 빌려 먼저 매도하여 거래.

　코인 가격이 하락하면 수익이 남. 주로 가격이 하락할 것을 예상할 때 거래함.

거래소는 마진 거래 서비스를 제공하며, 일반 거래에 비해 높은 수수료를 부과한다. '그럼 돈과 코인을 빌려서 하는 거래에서 손실을 보면?'이라는 의문이 들 수 있다. 그래서 마진콜이라는 개념이 존재한다.

- **마진콜 : 마진 거래에 사용되는 자본금만큼 손실이 발생하면 강제 청산**

  거래소에서 손실을 분담할 수 없기에 투자자의 자본금만큼 손실되면 강제로 청산된다. 그러면 거래소는 손실을 보지 않고, 손실은 투자자가 전담하게 된다.

  물론 마진 거래에 성공하면 내가 가진 자본금에 비해 높은 수익을 낼 수 있고 하락장에서도 수익을 낼 수 있어 매력적이라고 생각할 수 있다. 하지만 실패하면 자본금과 코인마저 남지 않는 빈털터리가 될 수 있다. 그래서 투자는 리스크를 줄이는 것이 중요한 만큼 <u>위험한 마진 거래는 초보자에게 절대 추천하지 않는다.</u>

아프니까 코인이다   **마진 거래 스토리**

※ 국내 마진 거래는 법적으로 문제가 될 수 있습니다.
    이 책은 정보 전달을 목적으로만 실제 이야기를 수록하였습니다.

마진 거래는 달콤하다. 투자한 돈에 비해 많은 수익을 낼 수 있기 때문이다. 처음에는 기술적 분석으로 수익을 냈다. 급락을 예측하고 해외 코인의 가격이 흔히 말하는 '떡락'할 때 공매도를 진입했다. 그 결과는 달콤했다.
공매도에 진입한 지 8분 만에 720만 원의 수익을 냈기 때문이다. 수익을 낸 후 자신감이 붙은 나는 좀 더 과감히 마진 거래에 임했다. 가격이 충분히 내릴 것이라고 분석했던 나는 전 재산을 걸고 공매도에 진입했다. 순간 100만 원이 플러스 되는 구간이 있었지만 '존버'했다. 가격이 튀어 올라도 나는 청산할 수 없었다. 아까 봤던 플러스

포지션 현황

구분	보유수량	평균가(원)	평가손익(원)	마진콜(원)
	청산가능	증거금(원)	손익률	위험도
매도	**7900**	12,950	7,201,308	14,371
	7900	25,579,335	⊕ 28.15%	0%

청산 수량 　　　　ETC　　가격 　　　　가격 원

청산　　시장가

수수료누계 153,490원　　강제청산일 2017-11-11 10:19:17

마진 거래 수익 사진

금액이 눈에 아른거렸기 때문이다. 결국, 같이 공매도한 지인들은 익절했는데 나는 기다리면 내리리라 판단하고 기다렸다. 기다리는 도중 마이너스 금액은 눈덩이처럼 불었고 나는 결국 3,000만 원의 손실을 내고 눈물의 손절매를 했다. 예측과 분석은 잘했지만, 순식간에 큰돈이 오갔기 때문에 나의 멘탈은 셀로판지보다 얇아졌다. 일주일 뒤에 강제 청산되고, 금액이 내가 분석한 것과 반대로 움직이면 심장이 뛰었다. 나는 결국 큰 손실을 보았다.

포지션 현황

구분	보유수량	평균가(원)	평가손익(원)	마진콜(원)
	청산가능	증거금(원)	손익률	위험도
매도	**5213.1303**	17,551	-30,894,660	23,896
	5213.1303	48,734,032	⊕ -63.39%	94%

청산 수량 　　　　ETC　　가격 　　　　가격 원

청산　　시장가

수수료누계 137,367원　　강제청산일 2017-11-17 21:53:30

마진 거래 손실 사진

남들보다 조금 더 투자 잘하는 비법_
리스크 관리, 멘탈 관리, 현금 비중 관리하기

미래를 대비하자

리스크를 관리하는 방법에는 여러 가지가 있다. 현금화를 하거나, 포트폴리오에서 현금 비중을 높이는 것이 방법이 될 수 있고 또는 BTC 마켓에서 비트코인이 강하게 등락할 때 알트코인을 비트코인화하거나, 해외 거래소에서 코인을 테더화를 하는 것도 리스크를 관리하는 방법 중 하나이다. 리스크를 관리해야 하락장에서 손해를 최소화할 수 있다.

항상 현금을 보유하자

예상치 못한 상황을 대응하려면 초보 투자자에게 현금 비중은 매우 중요하다고 할 수 있다. 많은 투자자가 어차피 우상향할 것으로 생각해 일단 매수를 하고 나서 후회한다. 하지만 현금 비중을 유지하는 투자자는 매수 시점에 '물타기'를 했다가 반등이 오면 손해를 최소화한다.

여러 코인이 돌아가며 가격이 오르는 상승장에서도 현금 비중은 중요하다. 특정 코인에 올인하면 다음 차례의 코인 매수 시기를 놓칠 수 있기 때문이다. 많은 투자자가 현금에 휴식을 주면 불안해지는 '악덕 업주'의 마음을 가지고 있다. 현금도 때로는 쉬게 해주자. 언젠가 하락장에서 더 크게 빛을 볼 것이다.

분할매수, 분할매도의 중요성

초보 투자자에게 현금 보유보다 어쩌면 더 중요한 것은 분할매수, 분할매도 하는 것이다. 단타 거래를 잘하는 투자자는 한꺼번에 사고팔 수 있다. 하지만 입문자가 분할매매를 하지 않으면 실수했을 때 타격이 크다. 따라서 매매에 자신감이 생기기 전에는 꼭 분할거래를 하기를 추천한다. 자주 시장을 체크할 수 없을 때도 분할매매는 당신이 안정적으로 투자할 수 있게 해준다.

마음의 여유를 찾자

초보 투자자뿐 아니라 많은 투자자가 가격이 오르고 내리는 것에 격하게 반응한다. 오를 때는 온갖 행복 회로를 만들어 상상의 나래를 펼치다가도 가격이 내릴 때는 월급 또는 생활비로 충당해야 할 것 같다고 생각하며 절망한다. 마음의 여유를 가지는 것은 어려운 일이다. 누군가는 생활에 지장을 줄 정도로 많은 돈을 투자하기 때문이다. 일희일비하지 않으려면 본인이 감당할 수 있을 정도의 금액만큼만 매매하면서 점점 시드머니를 늘려가는 것이 좋다.

가상화폐 시장의 장점은 다른 분야보다 정보를 쉽고 편하게 찾을 수 있다는 것이다. 인터넷만 할 수 있으면 누구나 정보를 찾을 수 있어 편리하지만, 정확한 정보가 아닐 수도 있으니 조심해야 한다.

+ 양질의 정보와 가짜뉴스가 공존하고 있어 초보 투자자가 정확한 정보를 판별하기란 쉽지 않을 것이다. 그러니 일부 채널만 이용하는 것보다 여러 채널을 이용하는 것이 좋다. 시행착오와 공부를 통해 전반적인 투자 흐름을 읽어 투자의 재미를 느껴 보자.

5장

공짜 돈은 없다_
초보들이여
공부하자!

망하지 않는 코인 고르는 법 _ 장기 투자 꿀팁!

- 장기 투자 공부만이 살 길!

- 장기 투자는 내가 코인 전문가

기본적으로 이 책에 전반적으로 소개된 트레이딩은 단기나 중기 투자에 적합한 방법이다. 그런데 투자 방법 중에는 흔히 가치 투자라고 하는, 코인의 가치를 믿고 저평가된 코인을 찾아 장기적으로 보고 투자하는 장기 투자도 있다. 단기 투자와 장기 투자의 차이는 투자 기간에만 있는 것이 아니다. 예를 들어, 최고점에서 매수했다가 어쩔 수 없이 물려서 버티는 '존버'는 장기 투자가 아니다. 그냥 오를 때까지 들고 있는 것뿐이다. 진정한 장기 투자를 하려면 장기 투자를 할 만한 가치가 있는 코인을 찾아내 충분히 저평가돼 있을 때 매수해야 한다. 그럼 어떤 코인이 저평가돼 있는지 그리고 투자를 할 만한 가치가 있는지 어떻게 판단할 수 있을까?

코인의 백서를 정독하자

코인의 백서란 코인 개발자가 코인의 목적과 개발 과정, 개발 후 적용 목표 등을 상세하게 적어놓은 것이다. 이 백서를 가지고 초기 투자를 받는다. 그러므로 백서를 정독하면 코인에 대해 많은 부분을 이해할 수 있게 된다.

개발진과 개발 진행 과정을 모니터링하자

아직 블록체인 시장은 초창기다. 그러다 보니 수많은 코인이 생겨났고 더 수많은 코인이 사라졌다. 코인은 만들어진 후 목표에 맞는 적용 과정과 꾸준한 업그레이드가 있어야 한다. 이를 개발진이 열심히 이행하는지, 꾸준하게 노력하는지가 중요한 부분이다.

저점에서 매수하자

당연한 얘기라고 생각할지 모르지만, 많은 사람이 귀동냥으로 'ㅇㅇ코인이 좋다더라', 'ㅇㅇ코인이 요즘 핫하다더라'라는 이야기를 듣고 바로 핸드폰을 꺼내 매수한다. 하지만 장기 투자에게 가장 중요한 부분은 마음가짐이다. 아무리 장기적으로 오를 것이라고 확신했더라도 지금 당장 반 토막이 나고, 2~3배 벌고 있는 주변 사람들을 보면 마음이 약해지고 버티기가 쉽지 않다.

아무리 좋은 코인이라 할지라도 장기 투자에 적합한 매수 포인트가 있다. 웬만해서는 물리지 않는 저점에서 매수해야 길게, 장기적으로 들고 갈 수 있으며 수익도 극대화할 수 있다.

꼭 블록체인으로 해야 하는가?

나는 그간 투자 관련 강의를 하며 수많은 제안을 받았다. 그중에는 애완동물 사료 사업에 블록체인을 접목하자는 제안도 있었다. 얼핏 들으면 괜찮은 것같은 사업 아이템이다. 하지만 사료 사업에 왜 꼭 블록체인이 들어가는지 고민해보면 블록체인을 개발하고 성공하려는 게 목표가 아니라 당신의 투자금이 필요한 것일 수도 있다. 블록체인의 기본 특성인 투명성, 분산원장(중앙집권의 반대)이 꼭 필요하다면 사업성이 있을 수 있지만 특별한 이유 없이 블록체인을 가져다 쓰는 사업은 그동안 수없이 많았고, 결과는 대부분 좋지 못했다.

2

내가 사면 상투 잡는 이유_
작전/세력/펌핑방을 조심하자

특정 코인을 미리 매수해 두는 것을 '작전'이라 하고 작전을 수행하는 큰 손들을 '세력'이라 하며 이러한 작전을 꾸미는 메신저나 모임을 '펌핑방(펌핑 세력)'이라 한다. 펌핑은 대체로 여러 단계로 나뉘어 진행된다. 세력의 측근이 가장 먼저 매수하고, 그다음 VVIP 방에서 매수한다. 이후 VIP 방에서 매수하고 나면 수천 명 이상이 있는 무료 방에 매수하라고 알리며 초보 투자자가 고점에 살 때 세력들은 매도해 수익화를 한다. 초단타에 자신이 있는 투자자라면 펌핑방의 움직임을 확인하거나 메시지를 보고 빠르게 매도해 수익을 가져갈 수 있다. 하지만 대부분 초보 투자자는 처음에는 '나는 짧게 수익을 내고 나와야지'라는 마음으로 매수했다가 고점에 물리고 나서 짧게는 몇 주 길게는 몇 개월 이상 인고의 시간을 보내야 한다.

펌핑방 실제 사례

해외 모 펌핑방이 2017년 06월 30일 펌핑 공지를 했다. 정확히 30분 뒤 지목한 코인은 EMC2 코인이었다. 이때 1분 만에 가격이 6배 상승하였다. 100만 원이 1분 만에 600만 원이 되는 것이었다. 하지만 다시 1분 만에 상승 전

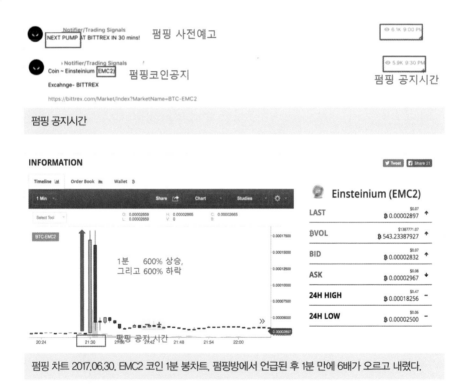

펌핑 차트 2017.06.30. EMC2 코인 1분 봉차트, 펌핑방에서 언급된 후 1분 만에 6배가 오르고 내렸다.

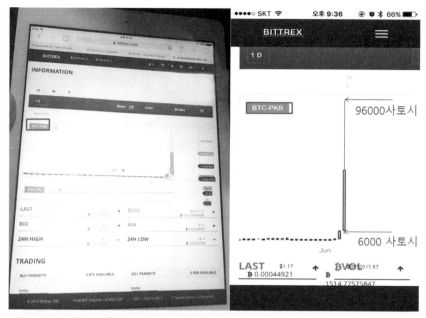

2017. 06. 05. 직접 목격한 펌핑 차트. PKB 코인은 하루 1600%가 펌핑되었다.
하지만 일주일 만에 상승 전 가격수준으로 돌아왔다.
6월 5일에 100만 원어치 매수했다면 6월 12일에 당신의 원금은 7만 7,000원이 된다.

가격만큼 내려왔다. 이 일로 사토시 가격이 회복되기까지 5개월이 걸렸다.

'저희를 믿고 매수하세요(It will be to the moon)', '내부 비공개 정보(큰 호재)를 입수했습니다', 'ㅇㅇ분 뒤 빅 시그널을 발표합니다' 등 펌핑방에서 자주 쓰는 문구들이 있다. 이 말에 현혹되지 말자. 하지만 펌핑방을 예의주시할 필요는 있다. 내가 매수한 코인을 펌핑방이 건드리면 매도를 고려해야 한다. 펌핑방이 건드리면 상승 시작 전 가격보다 밑으로 내려오는 경우가 많기 때문이다. 내가 비트렉스에서 거래하면서 하루에 1600% 상승하는 코인이 있

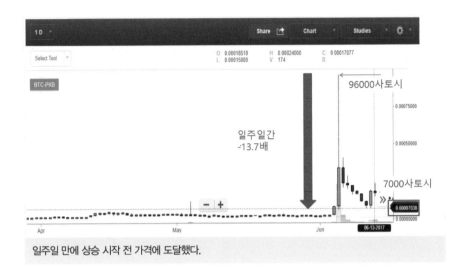

일주일 만에 상승 시작 전 가격에 도달했다.

어 차트를 직접 확인했었다. 재미로 소액을 매수하고 싶었지만, 스크린샷으로 남겼다. 이미 고점을 터치하고 아래로 내리는 중이었다. 나는 코인을 매수하지 않고 지켜보았다.

가격은 오르기 전으로 돌아왔고 수많은 피해자를 만들어냈다. 항상 급하게 오르면 급하게 내릴 수 있음을 염두에 둬야 한다. 특히 펌핑방이 인위적으로 코인을 건드리면 초보 투자자는 조심하는 것이 자산을 지키는 좋은 방법이다.

국내 ○거래소 퀀텀 코인 상장

거래소 상장은 큰 호재이지만 당시 사건은 나에게는 악재였다. 당시 크맨은 블로그에서 ○거래소에서 퀀텀 코인이 상장하리라 예측했었다. 그러던 어느 날 모 펌핑방에서 빅 호재 발표를 한다고 했다. 당시 회사에서 업무가 바빠 약간 늦게 메시지를 발견하고 매수했다.

살짝 늦게 매수하였지만, 가격은 제대로 펌핑되고 있었다. 한 시간 만에 20% 정도 수익이 났다. 그때 나는 오후 6시 상장까지는 적어도 오를 것이라고 긍정적으로 생각하기 시작했다. 그리고 목표 가격이 2만 원 후반대라는 메시지를 보며 '적당히 먹고 나와야지'라고 안일하게 생각하였다. 하지만 그것은 큰 실수였다. 상장 시간이 한 시간 반 남았는데 이미 무릎에 샀다고 생각한 나의 가격 아래로 내려왔기 때문이다.

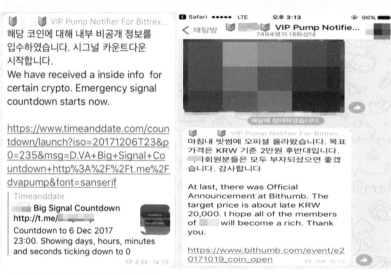

○ 펌핑방은 나에게 큰 아픔을 주었다

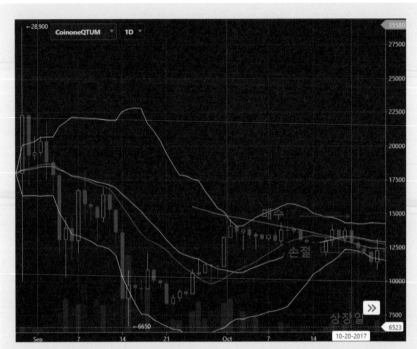

거래소 퀀텀 상장 당시 나의 매매 내역. 그래도 상장 직전에 가격이 한 번은 더 오를 줄 알았다.

결국, 나는 산 가격 이하로 떨어지고 나서야 눈물의 손절매를 하게 되었다. 누군가에게는 큰 익절 구간이었지만 나는 눈뜨고 지나쳐 버렸다. 닥터 스트레인지의 타임스톤을 사용해서라도 시간을 돌리고 싶었지만, 이미 늦었다. 그리고 큰 교훈을 얻었다. '내 눈으로 보고 매매를 하자'였다. 이후 나는 가치 투자하던 코인이 대박이 나며 유명해지기 시작했다.

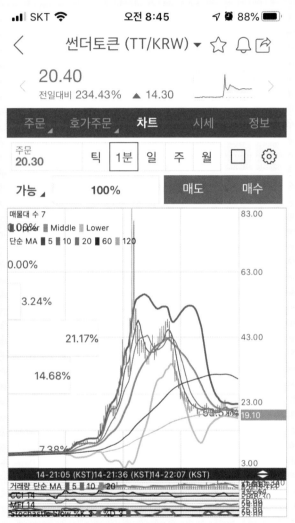

2020년 3월 14일 썬더토큰 코인의 차트.
불과 몇 분 만에 1300%가 올랐다 내려왔다.

3

꼭 참고해야 할 정보 사이트
(텔레그램/네이버 카페/트위터/ 스팀잇/레딧)

가상화폐 시장의 장점은 다른 분야보다 정보를 쉽고 편하게 찾을 수 있다는 것이다. 정보 검색을 위한 사이트들을 소개하면 우선 스팀잇과 레딧을 들 수 있다. 스팀잇(https://steemit.com)은 블록체인 기술을 바탕으로 한 블로그다. 가상화폐뿐 아니라 블록체인 관련 유용한 글이 많다. 레딧(https://www.reddit.com)은 해외 커뮤니티로, 이곳에서 빠른 정보를 접할 수 있다. 하지만 정확한 정보인지 확인해야 한다. 영어를 이해하기 어렵다면 구글 크롬의 번역 기능을 활용하면 좋다. 디시인사이드를 비롯한 각종 커뮤니티는 글의 휘발성이 강하다. 양질의 정보와 가짜뉴스가 공존하기 때문에 정확한 정보를 판별해야 한다. 또한, 매수/매도 포지션의 투자자마다 각자 올리는 글

코인니스 텔레그램 뉴스 소식

의 스타일이 다르므로 분위기에 휩쓸리는 초보 투자자는 이러한 커뮤니티에

서 정보를 찾기보다 해당 가상화폐의 공식 단톡방에서 정보를 찾는 쪽이 더

도움이 될 것이다. 마지막으로 카카오톡, 텔레그램 그리고 트위터 등 SNS가 있다. 카카오톡과 텔레그램은 접근성이 편한 장점이 있지만, 일부 채널은 편향된 포지션/시황을 제공하기도 하므로 한 곳만 이용하지 말고 여러 채널을 이용하는 것이 좋다. COINNESS News(https://t.me/coinnesskr)처럼 뉴스를 빠르게 전달해 주는 텔레그램은 유용하게 활용할 수 있다. 트위터는 가상화폐의 공식 트위터를 팔로우해두는 것이 좋다. 공식 정보를 빠르게 접할 수 있기 때문이다.

• 4 •

초보 투자자가 제일 궁금해 하는 것_
호재·악재의 종류와 효과

    호재는 코인 가격에 좋은 영향을 주는 요소를 말한다. 호재는 크게 다섯 가지 종류로 나눠볼 수 있다. ① 비트코인의 반감기 또는 하드포크가 이루어지거나, 라이트닝 네트워크 구현 등 업그레이드는 기술적인 호재 ② 특정 국가에서 받아들여지는 제도적 호재 ③ 거래소에 상장되는 이벤트로 가격 상승에 영향을 줄 수 있다. 거래량이 많은 거래소일수록 상장에 따른 가격 상승분이 높을 수 있다. ④ 콘퍼런스나 밋업 등 이벤트적인 호재도 있다. ⑤ 특정 기업과 제휴를 맺는 마케팅적인 호재도 있다.

    호재가 생기면 가격에 반영될 수 있다. 하지만 호재라고 해서 무조건 가격이 오르는 것은 아니다. 시장 상황이 좋지 않을 때는 호재가 있더라도 모르지 않을 수 있음을 꼭 기억하자.

악재는 반대로 코인 가격에 안 좋은 영향을 주는 요소를 말한다. 악재는 주로 비트코인의 하락에서 발생한다. 특정 국가에서 제도적인 규제를 하는 것도 악재의 한 종류다. 이 경우 2~3주 이상 계단식 하락을 보이며 가격이 내릴 수 있음을 유의하자. 또는 특정 큰 호재가 연기되는 경우도 기대 심리가 빠지면서 가격 하락을 불러올 수 있다. 마지막으로 거래소의 해킹 또는 지갑 해킹도 악재가 될 수 있다. 누구나 다 아는 악재는 이미 반영된 것일 수 있다. 마찬가지로 누구나 다 아는 호재도 이미 반영된 것일 수 있다. 헷갈릴 때는 좀 더 보수적으로 생각해 호재는 이미 반영되었다고 생각하고, 악재는 아직 반영이 안 된 것이라고 생각한 후 접근하는 편이 안정적인 투자에 도움이 될 것이다.

아프니까 코인이다   리플 스웰 이야기

호재라고 해서 계속 가격이 오를 것이라고 생각했다가는 손해를 볼 수 있다. 2017년 10월 16일 리플코인 스웰 콘퍼런스가 진행되는 날, 많은 투자자가 콘퍼런스를 기대했었다. 하지만 최고점을 형성하고 가격이 상승 전으로 내려온 것을 차트에서 확인할 수 있다. 이때 고점에 물린 투자자들이 많았다(11월이 지나며 구조되었을 것이다). 이후 많은 투자자에게 학습 효과가 생겨 빠르면 호재 한 달 전에 가격에 반영되었고, 그 이후에는 상승이 없거나 더디게 되었다.

안전한 투자를 원한다면 호재 전에 미리 나오기를 추천한다. 그래야 기술적 분석을 할 줄 몰라도 안전하게 매매할 수 있다. 호재나 악재라고 해서 무조건 오르거나 내리는 것이 아닌, 상승할 때 상승폭을 더 강하게, 하락할 때 하락폭을 더 강하게 하는 '기폭제' 정도로 생각하면 좋겠다. 그러나 기폭제가 반응하지 않을 때도 있음을 꼭 기억하자. 그때는 한 걸음 물러서서 바라봐야 할 때다.

다음은 항상 그런 것은 아니지만 가상화폐 시장에서 자주 볼 수 있는 상황이다. 내가 놓치는 것은 없는지 기억해 두면 도움이 될 것이다.

하락장에서의 악재

추가 하락을 불러올 수도 있지만, 내가 접한 악재가 이미 선반영된 것일 수도 있다. 악재가 커뮤니티나 뉴스 등으로 퍼져도 가격 하락이 더 크지 않다면 이미 선반영되었음을 짐작하고 매수 타이밍을 노려야 한다.

하락장에서의 호재

갑자기 급상승을 불러일으킬 수도 있다. 하지만 단기적으로 끝날 때가 많고 이후 횡보를 거쳐 다른 가상화폐보다 높은 상승을 보이며 계단식 상승을 먼저 보여 주는 경우가 많다. 이때 메이저 알트코인이 이런 현상을 보이면 시장의 트렌드는 하락/침체에서 전환 국면을 맞는 경우가 많다.

상승장에서의 악재

심각한 악재가 있으면 단기적으로 투매가 나오기도 한다. 비트코인과 관련된 악재는 단기적으로 알트코인도 10% 이상 내리기도 한다. 이때 단타를 노리는 트레이더는 평소보다 과감하게 매수해 짧은 기간에 높은 수익을 내기도 한다.

상승장에서의 호재

상승장이란 돌아가며 순환 상승을 하는 장을 말한다. 이때 호재는 상승폭을 더 높여줄 수는 있지만 엄청난 폭등을 유발하는 경우는 많지 않다. 폭등하려면 몇 가지 조건이 필요한데, 첫 번째로 타 코인에 악재가 생겨 크게 반사이익을 얻거나(예: 21년 리플 - SEC 소송전으로 인한 루멘, 에이다의 반사이익) 두 번째로 장기간의 횡보 또는 계단식 하락으로 가격이 수렴하거나 세 번째로 타 가상화폐의 상승이 잠잠할 때 개미 투자자와 세력이 몰리며 강한 거래량으로 시장의 주목을 받는 경우다.

리플 스웰

• 5 •

투자의 흐름은 일맥상통한다

그동안 가상화폐는 상승/폭등/하락/침체의 사이클이 굉장히 빨랐다. 폭등의 시기에는 다른 기존 투자 분야의 자금이 몰리고 안전자산으로 인식될 정도로 흥하기도 했으나 증시나 금리발표에 따라 가격이 후행하는 시기가 더 많았다. 선물거래소 상장, 반감기, 하드포크, 제도권 편입 여부, 과세 등 큼직한 이슈를 겪어온 가상화폐 시장은 하나의 투자처로 조금씩 자리 잡고 있다.

가상화폐 시장은 때로는 증시와 반대로 움직이거나 미 증시에 후행하는 가격 흐름을 보이기도 한다. 트레이더는 이런 전반적인 투자 흐름을 읽을 수 있어야 성장한다. 커플링(가격이 같이 움직임)하는지 디커플링(가격이 반대로 움직임)하는지 혹은 선물시장, 현물시장의 이슈가 가상화폐 시장에 어떻게 작용

할지 생각하고 판단할 수 있어야 한다. 그러면 어느덧 당신은 묻지 마 투기자에서 분석하는 투자자가 되어 있을 것이다.

어쩌면 당신은 투자 시기와 운이 좋아서 투자에 성공하는 경우도 있고 편법을 사용해 투자에 성공할 수도 있을 것이다. 하지만 대다수는 시행착오와 공부를 통해 전보다 나은 투자자가 된다. 마냥 가격만 들여다 보는 것과는 확실히 다를 것이다. 여러분도 알을 깨고 나와 투자의 새로운 재미를 느껴보길 바란다.

이 책의 내용은 기초 중의 기초 내용으로 구성되어있다. 적어도 해외 거래소로 가상화폐를 전송하는데 문제가 없고, 간단한 보조지표 정도는 적어도 과열된 상황인지 침체된 상황인지 알 수 있다면 이제 막 초보 투자자인 코린이에서 벗어나려 한다고 볼 수 있다. 수익을 내는 방법은 다양하지만 세상에 공짜는 없다. 이름 모를 가상화폐일수록 더더욱 그렇다. 그렇게 좋은 가상화폐라면 왜 다른 투자자들은 구매를 안 하는지, 정말 확실한 정보가 맞는지 경계를 늦추지 않길 바란다. 자산은 내가 스스로 지킬 수 있어야 한다.

• 6 •

코린이 탈출 마지막 중요 십조

　이 책을 읽고 코린이 탈출이 바로 가능하다면 좋겠지만 당신이 지켜야 할 것들이 많다. 특히 손해를 크게 본 뒤 아래 내용을 볼 때 나에게 해당되는 것이 있었다면 주의해야 한다. 하면 할수록 손해만 커질 수 있는 타입이기 때문이다. 2017년에, 2021년의 상승장에 쉽게 수익이 낼 수 있었음에도 내지 못했다면 당신은 평범한 혹은 평균 범주의 아래에 있는 투자자일 가능성이 높다. 더더욱 기본적인 것들을 지켜줘야 한다는 뜻이다.

1. 위험한 가상화폐는 투자하지 않기

　첫 번째는 극소수만 비밀리에 안다는 프로젝트, 연간 수익이 보장되는 토큰, 매년 소각해서 가치가 올라가는데 명확한 비즈니스모델이나 토큰이코노미가 엉성한 가상화폐 등에 투자하지 않는 것이다. 다단계성 코인이라도 내가 수익만 내면 좋겠지만 대부분은 손해를 보고 끝난다. 과거 2017-2018년 비트커넥트라는 해외기반 다단계 비트코인 서비스가 있었다. 나의 한 지인은 초기에 들어가서 비트코인의 수량을 비트코인 가격이 170만원 일 때 두 배로 늘렸었다. 하지만 다른 아는 분은 2018년도 초에 들어가 돈을 한 푼도 찾지 못하고 수 천만원을 잃었었다. 이미 비트코인과 이더리움 등 메이저 가상화폐를 투자하는 것 만 으로도 큰 리스크가 있다는 점을 생각하자. 당신이 코린이에서 벗어나고 주위에서도 인정하는 고수의 반열에 오른다면 그때 도전해도 늦지 않는다.

2. 계좌의 최대 잔고는 내 잔고가 아니다

수능, 공무원시험 등 각종 시험의 수험생들 중에서 시험의 난이도가 쉽게 출제된 데다 내가 운이 좋아 찍은 문제도 맞추게 되어서 점수가 높게 나온 경우가 있다. 문제는 이 점수가 본인의 원래 점수라고 착각하는 것이다. 가상화폐 시장에서도 마찬가지이다. 운 좋게 형성된 계좌의 최고 금액을 내 원래 자산이라 생각하는 투자자들이 있다. 상승장에서는 괜찮지만 하락장에서는 모든 돈을 잃기 딱 좋다. 계좌 잔고나 수익률을 스크린샷으로 남기고 싶다면 매도해야하는 시점이 되었는지도 모른다.

3. 사는 이유, 파는 이유를 설명할 수 있어야 한다

앞 장에서 투자와 투기에 대해 이야기했다. 적어도 매수를 한다면 차트는 볼 줄 모르더라도 해당 가상화폐의 이슈나 호재 정도는 알고 있어야 한다. 물론 코린이인 당신이 아는 호재는 이미 남들도 다 아는 호재라 선반영 되어있을 것이다. 그래도 적어도 가격이 오를 때 더 올라서 못 살까봐 FOMO가 오는 것보다는 냉정하게 매수를 할 때는 사야하는 이유를, 매도를 할 때는 왜 팔아야 할지를 고민하는 투자자가 되어야 실패를 줄일 수 있다. 내 주위에도 감으로만 엄청난 수익을 낸 분들이 몇 분 계신다. 심지어 차트도 볼 줄 모르지만 큰 수익을 냈다. 그런 분들이라면 이런 책이 없이도 이미 수익을 잘 냈을 가능성이 높다. 하지만 일반적인 투자자는 이성적인 사고가 꼭 필요하다.

4. 상승장에서 파종하지 않기

파종 방식의 투자는 상승장 때 돌아가면서 수익이 나고 그 중 일부 코인은 엄청나게 높은 수익률을 보여준다. 마치 내가 VC가 된 것 같은 느낌도 든다. 하지만 이런 파종을 하락장이 끝나기 직전에 한다고 생각해보라. 잠도 못 자며 심리적인 고통이 엄청날 것이다. 적어도 파종식으로 투자를 하려면 카페나 사람이 모인 곳에 갈 때 모두가 가상화폐에 대해 이야기하고 누구나 산다고 하는 시점은 좋지 않을 때가 많다. 침체장에서 파종 방식은 고려해 볼만하지만 이미 지난 저점대비 50%이상 오른 장에서 파종은 매도타이밍을 놓치게 만들면서 누적손해가 커지게 만든다.

5. 아! 그 때 살걸 하고 후회하지 않기

입에 후회를 달고 사는 투자자들이 있다. 후회의 개구리 사진을 동원하며 그때 살걸 하는 것인데, 후회를 하면 할수록 멘탈이 무너지며 지하로 파고드는 것을 경험할 수 있다. 이미 일어난 일을 영화처럼 타임스톤으로 되돌릴 수도 없는 일이다. 야구에는 '야만없'이라는 말이 있다. 야구에는 만약이 없다는 뜻이다. 가상화폐도 마찬가지이다. 이제는 '코만없'이다. 코인에도 만약은 없는 것이다.

6. 투자는 직접 스스로 하기

지인의 권유로 투자를 시작했더라도 지인의 권유로 매수와 매도를 모두 하지 말자. 지인과 관계가 나빠지기 딱 좋다. 리딩방이든 유료 정보방이든 다양한 루트로 설령 투자정보를 받더라도 스스로 해당 내용이 정보인지, 의미 없는 자료인지, 정보지만 나에게는 쓸모가 없는지 파악 가능해야 한다. 내가 직접 해야 후회도 덜한 법이다. 어떤 이들은 주위에 좀 한다는 이들에게 신탁을 하려고 하기도 한다. 하지만 절대 좋은 방법이 아니다. 계약서를 철저하게 쓰기도 어렵고 좋은 관계로 유지되기도 쉽지 않다.

7. 주위의 수익에 조급해하지 않기

대부분 가상화폐의 시작은 수익을 못 낼 것 같았던 나의 직장동료, 지인, 친척의 수익소식에서 시작된다. '00도 하는데 나도 해볼까?'라는 생각은 나를

불행하게 만들기 시작한다. 어렸을 때 다른 이들과 비교 당해본 경험이 있다면 비교가 얼마나 스트레스를 주는지 알 것이다. 가상화폐 시장에서는 더 심하다. 심하면 자괴감까지 들 수 있다. 나만의 투자 루틴과 방법을 개척해야하고 주위 지인의 수익이 높더라도 내 차례를 기다릴 수 있어야 한다. '나의수익'이 목적이지 '지인보다 높은 수익'을 목표로 삼으면 삶이 피곤해진다.

8. 성급하게 투자금액을 늘리지 않기

누군가 나에게 가상화폐 하다가 망한 사례 중 베스트 사례를 정하라면 나는 망설임 없이 처음에 소액으로 시작하여 수익을 내다가 투자금액을 높여 조금 벌고 크게 잃는 사례를 정하고 싶다. 이런 사례는 가상화폐로 손해가 난 이들 중 많은 수가 이에 해당될 것으로 생각한다. "투자금을 작게 하면 감질나서요", "작은 돈으로 하면 어느 세월에 수익을 내요" 등등 다양한 생각으로 투자금액을 높이는 이들이 많다. 나는 소액에서부터 조금씩 투자금을 추가하는 방법을 추천한다. 내 그릇이 아닌 자산으로 투자하면 결국 내 수준의 그릇만큼 자산이 작아지게 될 것이다.

9. 허용 가능한 범위에서 투자금을 운용하기

나의 그릇을 넘어서는 투자금액보다 더 위험한 것은 빚내서 투자하는 이른바 '빚투'이다. 특히 코린이에 해당하는 당신이 마이너스통장 등으로 투자를 한다는 것, 거기에 이름 모를 다단계코인이나 마이너 알트코인에 투자한다는 것은 그 돈을 영영 찾지 못 할 수도 있다고도 마음에 새겨야 한다. 책에는 적지 못하지만 빚투로 안 좋게 끝난 사례도 나는 주위에 여럿 있었다. 주위에서 인정받는 투자의 고수 반열에 오르기 전에는 빚투는 위험하다. 코린이인 당신은 더더욱 주의해야한다.

10. 나에게 맞게 숙달하고 반복하기

아무리 좋은 강의를 들어도, 아무리 대단한 책을 읽어도 사람은 잘 변하지 않는다. 사람이 변하려면 천지개벽이 일어나야 한다고도 하지 않는가. 위에 해당하는 사항이 있다면 다시는 같은 실수를 반복하지 않도록 반복 숙달해야 한다. 사람은 같은 실수를 반복한다. 그것도 결정적인 순간에 반복하게 된다. 당신이 어느 날 이 책을 열고 이 항목을 다시 봤는데 '너무 당연한 것 아닌가?'라는 생각이 든다면 어쩌면 당신은 코린이를 이미 탈출했을지도 모른다.

📖 북오션 부동산 재테크 도서 목록 📖

부동산/재테크/창업

장인석 지음 | 17,500원
348쪽 | 152×224mm

롱텀 부동산 투자 58가지

이 책은 현재의 내 자금 규모로, 어떤 위치의 부동산을 언제 살 것인가에 대한 탁월한 분석을 펼쳐 보여 준다. 월세탈출, 전세탈출, 무주택자탈출을 꿈꾸는, 건물주가 되고 싶고, 꼬박꼬박 월세 받으며 여유로운 노후를 보내고 싶은 사람들을 위한 확실한 부동산 투자 지침서가 되기에 충분하다. 이 책은 실질금리 마이너스 시대를 사는 부동산 실수요자, 투자자 모두에게 현실적인 투자 원칙을 수립할 수 있도록 해줄 뿐 아니라 실제 구매와 투자에 있어서도 참고할 정보가 많다.

나창근 지음 | 15,000원
302쪽 | 152×224mm

나의 꿈, 꼬마빌딩 건물주 되기

'조물주 위에 건물주'라는 유행어가 있듯이 건물주는 누구나 한 번은 품어보는 달콤한 꿈이다. 자금이 없으면 건물주는 영원한 꿈일까? 저자는 현재와 미래의 부동산 흐름을 읽을 줄 아는 안목과 자기 자금력에 맞춤한 전략, 꼬마빌딩을 관리할 줄 아는 노하우만 있으면 부족한 자금을 충분히 상쇄할 수 있다고 주장한다. 또한 액수별 투자전략과 빌딩 관리 노하우 그리고 건물주가 알아야 할 부동산지식을 알기 쉽게 설명한다.

박갑현 지음 | 14,500원
264쪽 | 152×224mm

월급쟁이들은 경매가 답이다
1,000만 원으로 시작해서 연금처럼 월급받는 투자 노하우

경매에 처음 도전하는 직장인의 눈높이에서 부동산 경매의 모든 것을 알기 쉽게 풀어낸다. 일상생활에서 부동산에 대한 감각을 기를 수 있는 방법에서부터 경매용어와 절차를 이해하기 쉽게 설명하며 각 과정에서 꼭 알아야 할 중요사항들을 살펴본다. 경매 종목 또한 주택, 업무용 부동산, 상가로 분류하여 각 종목별 장단점, '주택임대차보호법' 등 경매와 관련되어 파악하고 있어야 할 사항들도 꼼꼼하게 짚어준다.

초저금리 시대에도 꼬박꼬박 월세 나오는
수익형 부동산

나창근 지음 | 17,000원
332쪽 | 152×224mm

현재 (주)기림이엔씨 부설 리치부동산연구소 대표이사로 재직하고 있으며 [부동산TV], [MBN], [한국경제TV], [KBS] 등 방송에서 알기 쉬운 눈높이 설명으로 호평을 받은 저자는 부동산 트렌드의 변화와 흐름을 짚어주며 수익형 부동산의 종류별 특성과 투자노하우를 소개한다. 여유자금이 부족한 투자자도 전략적으로 투자할 수 있는 혜안을 얻을 수 있을 것이다.

주식/금융투자

북오션의 주식/금융 투자부문의 도서에서 독자들은 주식투자 입문부터 실전 전문투자, 암호화폐 등 최신의 투자흐름까지 폭넓게 선택할 수 있습니다.

주식투자
기본도 모르고 할 뻔했다

박병창 지음 | 19,000원
360쪽 | 172×235mm

코로나 19로 경기가 위축되는데도 불구하고 저금리 기조가 계속되자 시중에 풀린 돈이 주식시장으로 몰리고 있다. 때 아닌 활황을 맞은 주식시장에 너나없이 뛰어들고 있는데, 과연 이들은 기본은 알고 있는 것일까? '삼프로TV', '쏠쏠TV'의 박병창 트레이더는 '기본 원칙' 없이 시작하는 주식 투자는 결국 손실로 이어짐을 잘 알고 있기에 이 책을 써야만 했다.

하루 만에 수익 내는
데이트레이딩 3대 타법

유지윤 지음 | 25,000원
312쪽 | 172×235mm

주식 투자를 한다고 하면 다들 장기 투자나 가치 투자를 말하지만, 장기 투자와 다르게 단기 투자, 그중 데이트레이딩은 개인도 충분히 가능하다. 물론 쉽지는 않다. 꾸준한 노력과 연습이 있어야 한다. 하지만 가능하다는 것이 중요하고, 매일 수익을 낼 수 있다는 것이 중요하다. 그 방법을 이 책이 알려준다.

최기운 지음 | 18,000원
424쪽 | 172×245mm

10만원으로 시작하는
주식투자

4차산업혁명 시대를 선도하는 기업의 주식은 어떤 것들이 있을까? 이제 이 책을 통해 초보투자자들은 기본적이고 다양한 기술적 분석을 익히고 그것을 바탕으로 향후 성장 유망한 기업에 투자할 수 있는 밝은 눈을 가진 성공한 가치투자자가 될 수 있다. 조금 더 지름길로 가고 싶다면 저자가 친절하게 가이드 해준 몇몇 기업을 눈여겨보아도 좋다.

박병창 지음 | 18,000원
288쪽 | 172×235mm

현명한 당신의
주식투자 교과서

경력 23년차 트레이더이자 한때 스패큐라는 아이디로 주식투자 교육 전문가로 불리기도 한 저자는 "기본만으로 성공할 수 없지만, 기본 없이는 절대 성공할 수 없다"고 하며, 우리가 모르는 '기본'을 설명한다. 아마도 이 책을 보고 나면 '내가 이것도 몰랐다니' 하는 감탄사가 입에서 나올지도 모른다. 저자가 말해주는 세 가지 기본만 알면 어떤 상황에서도 주식투자를 할 수 있다.

최기운 지음 | 18,000원
300쪽 | 172×235mm

동학 개미
주식 열공

〈순매매 교차 투자법〉은 단순하다. 주가에 가장 큰 영향을 미치는 사람의 심리가 차트에 드러난 것을 보고 매매하기 때문이다. 머뭇거리는 개인 투자자와 냉철한 외국인 투자자의 순매매 동향이 교차하는 곳을 매매 시점으로 보고 판단하면 매우 높은 확률로 이익을 실현할 수 있다.

곽호열 지음 | 19,000원
244쪽 | 188×254mm

초보자를 실전 고수로 만드는
주가차트 완전정복

이 책은 주식 전문 블로그 〈달공이의 주식투자 노하우〉의 운영자 곽호열이 예리한 분석력과 세심한 코치로 입문하는 사람은 물론 중급자들이 놓치기 쉬운 기술적 분석을 다양하게 선보인다. 상승이 예상되는 관심 종목 분석과 차트를 통한 매수·매도 타이밍 포착, 수익과 손실에 따른 리스크 관리 및 대응방법 등 주식시장에서 이기는 노하우와 차트기술에 대해 안내한다.

유지윤 지음 | 18,000원
264쪽 | 172×235mm

누구나 주식투자로
3개월에 1000만원 벌 수 있다

주식시장에서 은근슬쩍 돈을 버는 사람들이 있다. '3개월에 1000만 원' 정도를 목표로 정하고, 자신만의 투자법을 착실히 지키는 사람들이다. 3개월에 1000만 원이면 웬만한 사람들 월급이다. 대박을 노리지 않고, 딱 3개월에 1000만 원만 목표로 삼고, 그것에 맞는 투자 원칙만 지키면 가능하다. 이렇게 1000만 원을 벌고 나서 다음 단계로 점프해도 늦지 않는다.

근투생 김민후(김달호) 지음
16,000원 | 224쪽
172×235mm

삼성전자 주식을 알면
주식 투자의 길이 보인다

인기 유튜브 '근투생'의 주린이를 위한 투자 노하우. 국내 최초로 삼성전자 주식을 입체분석한 책이다. 삼성전자 주식은 이른바 '국민주식'이 되었다. 매년 꾸준히 놀라운 이익을 내고 있으며, 변화가 적고 꾸준히 상승할 것이라는 예상이 있기에, 이 책에서는 삼성전자 주식을 모델로 초보 투자자가 알아야 할 거의 모든 것을 설명한다.

금융의정석 지음 | 16,000원
232쪽 | 152×224mm

슬기로운 금융생활

직장인이 부자가 될 방법은 월급을 가지고 효율적으로 소비하고, 알뜰히 저축해서, 가성비 높은 투자를 하는 것뿐이다. 그 기반이 되는 것이 금융 지식이다. 금융 지식을 전달함으로써 개설 8개월 만에 10만 구독자를 달성하고 지금도 아낌없이 자신의 노하우를 나누어주고 있는 크리에이터 '금융의정석'이 영상으로는 자세히 전달할 수 없었던 이야기들을 이 책에 담았다.

우영제 · 이상규 지음
23,500원 | 444쪽
152×224mm

자금조달계획서
완전정복

6·17 대책 이후 서울에서 주택을 구입하려는 사람이라면 (거의) 누구나 자금조달계획서를 작성해야 한다. 즉, 이 주택을 사는 돈이 어디서 났느냐를 입증해야 한다. 어떻게 생각하면 간단하고, 어떻게 생각하면 복잡한 문제다. 이 책은 이제 필수 문건이 된 자금조달계획서를 어떻게 작성해야 하는지, 증여나 상속 문제는 어떻게 해결해야 하는지를 시원하게 밝혀주는 가이드다.